越玩越聪明的 数学思维游戏

于雷 编著

清华大学出版社
北京

内 容 简 介

本书收录了数百个充满智慧和趣味的数学思维游戏，这些思维游戏有利于锻炼读者综合运用代数学、几何学、逻辑学、运筹学、概率论等多方面知识的能力，最大限度地激发大脑的创造力、观察力、数学思维力、逻辑思维力。阅读本书，读者可以在享受乐趣的同时，逐步揭示出其背后所隐藏的数学知识，发掘大脑潜能，不断超越自我，发自内心地对数学产生兴趣。

本书的读者对象为：小学高年级、初中、高中学生；想要改变思维方式，提高逻辑思维能力的年轻人；渴望打破思维定式，提高创新思维，给自己充电的上班族。

本书封面贴有清华大学出版社防伪标签，无标签者不得销售。
版权所有，侵权必究。举报：010-62782989，beiqinquan@tup.tsinghua.edu.cn。

图书在版编目(CIP)数据

越玩越聪明的数学思维游戏/于雷编著. —北京：清华大学出版社，2021.6（2025.7重印）
ISBN 978-7-302-57061-5

Ⅰ.①越… Ⅱ.①于… Ⅲ.①智力游戏—青少年读物 Ⅳ.①G898.2

中国版本图书馆 CIP 数据核字(2020)第 251147 号

责任编辑：张　瑜
装帧设计：杨玉兰
责任校对：周剑云
责任印制：刘海龙

出版发行：清华大学出版社
　　　　　网　　址：https://www.tup.com.cn, https://www.wqxuetang.com
　　　　　地　　址：北京清华大学学研大厦 A 座　　邮　　编：100084
　　　　　社 总 机：010-83470000　　邮　　购：010-62786544
　　　　　投稿与读者服务：010-62776969, c-service@tup.tsinghua.edu.cn
　　　　　质量反馈：010-62772015, zhiliang@tup.tsinghua.edu.cn
印 装 者：三河市人民印务有限公司
经　　销：全国新华书店
开　　本：170mm×240mm　　印　张：14　　字　数：220 千字
版　　次：2021 年 8 月第 1 版　　印　次：2025 年 7 月第 6 次印刷
定　　价：50.80 元

产品编号：065355-01

前　言

你是否曾因为无法解答一道数学难题而挠头叹息？是否曾为在数学课上回答不出老师的提问而羞愧苦恼？是否在这叹息与苦恼中对数学产生了厌烦与恐惧，而与它渐行渐远？

这都是因为你没有发现数学的迷人和可爱之处。

别灰心，办法很简单，那就是玩数学思维游戏，从游戏中找乐趣，从游戏中找感觉，从游戏中找自我。

数学思维游戏是自主性的思维训练，你可以在阅读游戏内容中，锻炼自己的观察力和判断力；在绞尽脑汁搜寻答案的过程中，锻炼自己的分析力和想象力；在一大堆看似无用的信息中，找到最关键的解题线索，得出最终答案。

数学的奥妙是无穷无尽的，奇妙而久远的。在获得了一次次胜利后，我们自然而然地就会对数学产生兴趣，发现它的迷人之处，不知不觉地迈进数学的大门。

逻辑和数学是联系在一起的，而思维能力是数学的组成部分。培养思维能力与学习计算方法、掌握解题方法一样，也必须通过练习。因此，设计好练习题就成为促进思维能力发展的重要一环。

本书收录了四百多个充满智慧和趣味的数学思维游戏，这些思维游戏有利于锻炼读者综合运用代数学、几何学、逻辑学、运筹学、概率论等多方面知识的能力，最大限度地激发大脑的创造力、观察力、数学思维力、逻辑思维力。无论孩子、大人，还是学生、上班族、管理者，都能在此找到适合自己的题目。

本书选取的这些游戏极具代表性，内容丰富，难易有度，形式活泼。阅读本书，读者可以在享受乐趣的同时，逐步揭示出其背后所隐藏的数学知识，发掘大脑潜能，不断超越自我，发自内心地对数学产生兴趣。

事实证明，凡事勤于思考，善于思考，乃是所有成功者通往成功的决胜秘诀。我们深信一句话：思维是玩出来的，逻辑是练出来的，头脑就是这样变聪明的！

每天一道题，只需要很少的时间就能让你的大脑得到充分的运动，提高数学思维能力，锻炼独立思考的能力，从而举一反三。坚持下来，你会发现自己的大脑越来越好用，越来越灵光。还等什么？快让你的大脑动起来吧！

编　者

目 录

第一章 身边数学 ... 1

1. 摘了多少桃子 ... 2
2. 好心人与乞丐 ... 2
3. 新款服装 ... 2
4. 鸡的重量 ... 2
5. 不可能的赏赐 ... 3
6. 保险柜 ... 3
7. 服装店老板的困惑 ... 3
8. 指针的角度 ... 3
9. 枪支弹药 ... 3
10. 七珠项链 ... 3
11. 多学科竞赛 ... 4
12. 销售收入 ... 4
13. 乘车 ... 4
14. 猜字母 ... 4
15. 四瓶啤酒 ... 5
16. 矩形和球 ... 5
17. 跳跃魔术 ... 5
18. 倒卖自行车 ... 6
19. 正面与反面 ... 6
20. 猎人的挂钟 ... 6
21. 饮料促销 ... 6
22. 巧抓乒乓球 ... 6
23. 沙漏计时器 ... 7
24. 滚动的硬币 ... 7
25. 父亲节的玫瑰花 ... 7
26. 猜牌术 ... 8
27. 人名的加法 ... 8
28. 填空格 ... 9
29. 转硬币 ... 9
30. 立方体网格 ... 9
31. 分田地 ... 10
32. 水与水蒸气 ... 10
33. 起起落落 ... 10
34. 工厂车间 ... 10
35. 卖金鱼 ... 10
36. 冰棍的价格 ... 10
37. 用人的报酬 ... 11
38. 三张组合 ... 11
39. 花色组合 ... 11
40. 三重 JQK ... 11
41. 尾巴搬上脑袋 ... 11
42. 抽牌概率(1) ... 12
43. 抽牌概率(2) ... 12
44. 抽牌概率(3) ... 12
45. 牌色概率 ... 12
46. 分苹果 ... 12

第二章 数字应用 ... 13

47. 午餐分钱 ... 14
48. 查账 ... 14
49. 扑克牌的顺序 ... 14
50. 运动员和乌龟赛跑 ... 14
51. 砌高墙 ... 15
52. 发家致富 ... 15
53. 分枣 ... 15
54. 每种家禽有多少只 ... 15
55. 小明的喜好 ... 16
56. 打字速度 ... 16
57. 现在几点 ... 16
58. 小明的烦恼 ... 16
59. 奇数还是偶数 ... 16
60. 写数字 ... 16

61. 最短路线	16	95. 重新排列	24
62. 散落的书页	17	96. 魔术方阵	24
63. 入学考试	17	97. 有趣的算术题	24
64. 种树	17	98. 有多少个 3	24
65. 汽车相遇	17	99. 最后三位数是什么	24
66. 填球体	17	100. 有多少个 0	24
67. 迪拜塔	17	101. 算 24 点(1)	25
68. 家庭活动	17	102. 算 24 点(2)	25
69. 穿越	18	103. 算术题	25
70. 掷骰子	18	104. 公平分配	25
71. 开会	18	105. 曹操的难题	25
72. 有问题的钟	18	106. 抽屉原理	25
73. 两个赌徒	18	107. 酒徒戒酒	25
74. 奇怪的加法	19	108. 某个数字	26
75. 买桃	19	109. 拨开关	26
76. 胚胎	19	110. 星期几	26
77. 分配珠宝	19	111. 抽奖	26
78. 特别的称重	19	112. 两手数数	26
79. 射击比赛	20	113. 火车开车时间	26
80. 抽顺子	20	114. 相差的银子	26
81. 牌的张数	20	115. 口袋里的钱	27
82. 抽牌概率问题	20	116. 数学天才的难题	27
83. 扑克游戏推理	21	117. 五角幻方	27
84. 数学家打牌	21	118. 死者的年龄	28
85. 花色问题	21	119. 分蛋糕	28
86. 排队	21	120. 凑钱买礼物	28
87. 马和猎狗	21	121. 年龄问题	28
88. 算算有多少只羊	22	122. 星形幻方	28
89. 摘草莓	22	123. 七边形幻方	29
90. 鸡蛋的价钱	22	124. 赌注太小	29
91. 公主选婿	22	125. 1＝2？	29
92. 三个城镇	22	126. 两数之差的三角形	29

第三章　趣味数学 23

		127. 猫兔赛跑	30
93. 砝码数量	24	128. 失落的数字	30
94. 颠 3 倒 4	24	129. 时钟密码	30
		130. 选数字	31

131. 走路的孩子 31	165. 各卖了多少苹果 38
132. 拼凑出 10 31	166. 有多少士兵 38
133. 翻黑桃 31	167. 平均速度 38
134. 六色相同 31	168. 多少零件 39
135. 红黑相同 31	169. 买衣服 39
136. 手里的剩牌 32	170. 堆高台 39
137. 有趣的 37 32	171. 导师的诡计 39
138. 有趣的算式 32	172. 投资问题 39
139. 哪桶是啤酒 32	173. 公共汽车 40
140. 兔妈妈分萝卜 32	174. 夫妻吃猪肉 40
141. 做题速度 33	175. 冰雹数列 40
142. 12 枚硬币 33	176. 轮胎 40
143. 国王的年龄 33	177. 辛苦的服务员 40
144. 涂色问题 33	178. 动物赛跑 41
145. 分奖金 33	179. 破产分钱 41
146. 刷碗 34	180. 计算损失 41
147. 画出球的表面积 34	181. 逃脱的案犯 41
148. 一个比四个 34	182. 对了多少题 41
149. 分放宝石 34	183. 海盗分椰子 41
150. 默想的数字 34	184. 在风中飞行的飞机 42
	185. 大牧场主的遗嘱 42
第四章　用数说话 35	186. 放球问题 42
151. 三人决斗 36	187. 两支蜡烛 43
152. 分配任务 36	188. 小到看不出来 43
153. 地租 36	189. 少卖了 2 元钱 43
154. 多少个演员 36	190. 正确时间 43
155. 运送物资 36	191. 简单的考试 43
156. 动物园 36	192. 猎人打狼 44
157. 领文具 36	193. 组成 100 44
158. 保持平衡 37	194. 数数字 44
159. 抢糖果 37	195. 撒谎的贼首 44
160. 有趣的字母 37	196. 灯泡组合 44
161. 贪心的渔夫 37	197. 促销 44
162. 奖金 38	198. 两个四位数 45
163. 国王的数学题 38	199. 几个苹果 45
164. 农夫买鸡 38	200. 密码 45

201. 数字时钟 45
202. 五位数 45
203. 奇怪的三位数 45
204. 分苹果 45
205. 和减差 46
206. 四位数 46
207. 图书印刷 46

第五章　经典古题 47

208. 运米问题 48
209. 鸡兔同笼 48
210. 洗碗问题 48
211. 三女归家 48
212. 有女善织 48
213. 利息问题 48
214. 良马与驽马 48
215. 黑蛇进洞 49
216. 三女刺绣 49
217. 紫草染绢 49
218. 耗子穿墙 49
219. 数不知总 50
220. 余米推数 50
221. 五家共井 50
222. 余数问题 50
223. 汉诺塔问题 51
224. 铜币问题 51
225. 七猫问题 51
226. 木长几何 51
227. 相遇问题 51
228. 关税问题 52
229. 韩信点兵(1) 52
230. 韩信点兵(2) 52
231. 兔子问题 52
232. 托尔斯泰的割草问题 52
233. 柯克曼女生散步问题 53
234. 阿基米德分牛问题 53
235. 三十六军官问题 53
236. 泊松分酒问题 53
237. 牛顿牛吃草问题 53
238. 欧拉遗产问题 53
239. 布哈斯卡尔的蜜蜂问题 54
240. 马塔尼茨基的短衣问题 54
241. 涡卡诺夫斯基的领导问题 54
242. 埃及金字塔的高度 54
243. 古罗马人遗嘱问题 54
244. 苏步青跑狗问题 55
245. 哥德巴赫猜想 55
246. 贝韦克的七个7 55
247. 圆木问题 56
248. 筑堤问题 56
249. 造仰观台 56
250. 圆城问题(1) 56
251. 圆城问题(2) 57
252. 方城问题 57
253. 葭生池中 57
254. 望海岛 58
255. 望松生山上 58
256. 南望方邑 59
257. 望深谷 60
258. 登山望楼 60
259. 南望波口 61
260. 望清渊 62
261. 登山望津 63
262. 登山临邑 63
263. 临台测水 64

第六章　奥赛精选 67

264. 四姐妹的年龄 68
265. 走私 68
266. 卖西瓜 68
267. 酒精纯度 68

268. 骑自行车 68	304. 插图 74
269. 上学路上 68	305. 三堆硬币 74
270. 两个村庄 68	306. 小明吃苹果 74
271. 穿过隧道 68	307. 平均速度 75
272. 作家 69	308. 装修 75
273. 阅兵队 69	309. 读书 75
274. 数学教授的问题 69	310. 股份 75
275. 卖家电 69	311. 卖报纸 75
276. 龟兔赛跑 69	312. 种树 75
277. 利润问题 69	313. 玻璃球 75
278. 说真话的概率 70	314. 加工零件 75
279. 几人及格 70	315. 田径组成员 75
280. 马车运菜 70	316. 剩下的牌 76
281. 兔子背胡萝卜 70	317. 火车过桥问题 76
282. 砝码称重 70	
283. 称量水果 70	**第七章 寻找规律** 77
284. 丢手绢游戏 71	318. 找规律 78
285. 掷骰子(1) 71	319. 数字规律 78
286. 掷骰子(2) 71	320. 不能被除尽 78
287. 硬币的正面与反面 71	321. 连续偶数的和 78
288. 市长竞选 71	322. 商数与余数相等 78
289. 男孩和女孩 71	323. 黄色卡片 78
290. 合伙买啤酒 72	324. 排列的规律 78
291. 赛跑比赛 72	325. 相同的项数 78
292. 动物园 72	326. 找数字规律 79
293. 号码 72	327. 组成单词 79
294. 羽毛球循环赛 72	328. 写数列 79
295. 年龄 73	329. 下一个数字 79
296. 电话号码 73	330. 字母排列 79
297. 考试分数 73	331. 代表什么 79
298. 奇怪的数字 73	332. 排列规律 79
299. 伪慈善 73	333. 数字找规律(1) 79
300. 排数字 74	334. 数字找规律(2) 79
301. 平均分 74	335. 数字找规律(3) 80
302. 三个数字 74	336. 数字找规律(4) 80
303. 折页 74	337. 数字找规律(5) 80

338. 数字找规律(6) 80	372. 剔除的数字 86
339. 智力测验(1) 80	373. 数字金字塔 87
340. 智力测验(2) 80	374. 填数字 87
341. 智力测验(3) 80	375. 幻方 87
342. 填数字 80	376. 菱形方阵 88
343. 猜数字(1) 80	377. 调换数字 88
344. 猜数字(2) 80	378. 计算数字 88
345. 猜数字(3) 81	379. 不等式 88
346. 猜数字(4) 81	380. 重叠 89
347. 猜数字(5) 81	381. 内接图形 89
348. 数字的规律 81	382. 填数字 90
349. 有名的数列(1) 81	383. 找规律 90
350. 有名的数列(2) 81	384. 太阳光 90
351. 天才测验(1) 81	385. 数字与图形 91
352. 天才测验(2) 81	386. 四则运算 91
353. 天才测验(3) 81	387. 寻找公式 91
354. 下一个数字是什么 81	388. 数字关系 92
355. 寻找数字规律 82	389. 三数之和 92
356. 字母旁的数字 82	390. 结果相同 92
357. 猜字母(1) 82	391. 重叠的圆 93
358. 猜字母(2) 82	392. 数字规律 93
359. 猜字母(3) 82	393. 九个数字 93
360. 字母找规律 82	394. 树冠上的数字(1) 93
361. 智力测验 82	395. 树冠上的数字(2) 94
362. 填字母 82	396. 奇怪的关系 94
363. 缺的是什么字母 82	397. 影子 94
第八章 看图填数 83	398. 华氏温度 95
	399. 房顶的数字 95
364. 代表的数字 84	400. 水滴数字(1) 95
365. 填数游戏 84	401. 水滴数字(2) 96
366. 等于 10 84	402. 伞上的数字 96
367. 两数之差 85	403. 花瓣上的数字(1) 97
368. 字母问题 85	404. 花瓣上的数字(2) 97
369. 中间数字 85	405. 双环填数 97
370. 算式阵 86	406. 三环填数 98
371. 圆圈数字 86	407. 填数游戏 98

- 408. 数字之和 99
- 409. 等边三角形 99
- 410. 缺少的数字 99
- 411. 填数字 100
- 412. 填符号 100

第九章 巧猜智解 101

- 413. 猜帽子上的数字 102
- 414. 各是什么数字 102
- 415. 纸条上的数字 102
- 416. 纸片游戏 102
- 417. 猜数字(1) 103
- 418. 猜数字(2) 103
- 419. 苏州街 103
- 420. 贴纸条猜数字 104
- 421. 猜扑克牌 104
- 422. 老师的生日 104
- 423. 找零件 105
- 424. 猜字母 105
- 425. 求数字 106
- 426. 神奇数表 106
- 427. 猜单双 107
- 428. 猜数字(1) 107
- 429. 猜数字(2) 107
- 430. 猜数字(3) 107
- 431. 奇妙的数列 107
- 432. 奇怪的样子 108
- 433. 猜数字 108
- 434. 猜明星的年龄 108
- 435. 猜颜色 109
- 436. 手心的名字 109
- 437. 五个人的年龄 110
- 438. 猜一猜小张的生日 110
- 439. 有趣的组合 110
- 440. 猜出你偷走的数字 110
- 441. 猜数字 111
- 442. 猜猜年龄 111
- 443. 母子的年龄 111
- 444. 猜一猜她的年龄 111
- 445. 老师的儿子 111
- 446. 猜年龄 112
- 447. 聪明程度 112
- 448. 教授有几个孩子 112
- 449. 三个班级 112
- 450. 抽卡片 113

答案 115

参考文献 209

第一章

身边数学

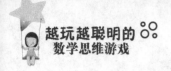

1. 摘了多少桃子

一只小猴子跑到果园里摘桃子，不一会儿就摘到了好多，它很高兴，背起来就往家走。

可是没走几步，就被山神拦住了，山神说这片果园是他的，见面要分一半。小猴子无奈，只好把桃分了一半给山神。

分完以后，山神看见小猴子的包里有一个特别大的桃，又拿走了那个大桃。

小猴子很生气，背着桃悻悻地走了。

没走多远，又被风爷爷拦住了，同样，风爷爷也从小猴子的包里拿走了一半外加一个桃。

之后，小猴子又被雨神、雷神、电神用同样的办法拿走了桃。等小猴子到家的时候，包里只剩下1个桃了。

小猴子委屈地向妈妈诉说自己的遭遇。妈妈问他原来有多少个桃，小猴子说他也不知道。

但妈妈算了一下，很快就知道小猴子原来有多少个桃了。

问：你知道有多少个桃吗？

2. 好心人与乞丐

一个好心人在街上走，遇到了一个乞丐，这个好心人就把口袋里所有钱的一半加上1元钱给了乞丐；然后继续向前走，走着走着，又遇到了一个乞丐，他就把口袋里的所有钱的一半加上2元钱给了他；然后他遇到了第三个乞丐，同样，他把口袋里所有钱的一半加上3元钱给了他。这样一来，他的口袋里就只剩下1元钱了。

问：开始时他的口袋里有多少钱？

3. 新款服装

某服装店新进了一批最新款式的服装，很受欢迎。于是，经理决定提价10%销售。涨价之后顾客急剧减少，服装开始滞销，于是经理不得不做出降价10%的决定。有人说服装店瞎折腾，涨了10%又降了10%，价格回到原价位；有人说服装店不会干赔钱的事，实际上价格高了；也有人说服装店自作聪明，实际上是赔了钱。

问：服装店现在的价格比原来的售价高了、低了还是没变？

4. 鸡的重量

"这两只鸡一共重20斤，"小贩说，"小的比大的每斤贵2元钱。"一个顾客花了16元买了那只小的，而另一名顾客花了32元买了那只大的。

问：两只鸡各重多少斤？

5. 不可能的赏赐

传说，印度的舍罕国王打算重赏国际象棋的发明人——大臣西萨·班·达依尔。这位聪明的大臣跪在国王面前说："陛下，请你在这张 8×8 的棋盘的第一个小格内，赏给我一粒麦子，在第二个小格内给两粒，在第三个小格内给四粒，照这样下去，每一小格内都比前一小格加一倍，就可以了。"国王说："你的要求不高，我会让你如愿以偿的。"说着，他下令把一袋麦子拿到宝座前，计算麦粒的工作开始了。但是，令人吃惊的事情出现了：还没到第二十小格，袋子已经空了，一袋又一袋的麦子被扛到国王面前来。但是，麦粒数增长得那样迅速，而格数却增长得很慢。国王很快发现，即使拿出全国的粮食，也兑现不了他对象棋发明人许下的诺言。

问：国王应给象棋发明人多少粒麦子？

6. 保险柜

办公室里有 9 个保险柜，处长那里有 9 把钥匙。小刘刚上班的第一天，处长给他布置了一个任务："把钥匙和保险柜配对。"如果这些钥匙外表都是一样的，而且没有任何标记。那小刘想要打开每个保险柜只有一把一把地试。

问：小刘最多要试多少次才能把钥匙和保险柜配上对？

7. 服装店老板的困惑

有一个服装店老板进了两件衣服，都以每件 90 元的价格卖掉了，其中的一件赚了 50%，另一件赔了 50%。

问：请你告诉这个老板，他是赚、是赔还是持平了。

8. 指针的角度

指针经过 7 小时 15 分钟。

问：时钟的时针与分针各转了多少度？

9. 枪支弹药

有一个团的士兵，团长经过统计后发现：自己团一共有 200 人，有 140 人有枪，有 160 人有弹药，有 20 人既没有枪也没有弹药。

问：你知道有多少人有枪也有弹药，有多少人只有枪，有多少人只有弹药吗？

10. 七珠项链

小明有 7 颗珠子，其中 5 颗是红色珠子，2 颗是绿色珠子。他想给女朋友小丽做一个七珠项链。

问：可以做出几种不同搭配的项链来？

11. 多学科竞赛

在一次多学科竞赛中，共测试 M 个科目，一所学校中有三名学生甲、乙、丙参加了这场竞赛，在每一科目中，第一、第二、第三名分别得 X、Y、Z 分，其中 X、Y、Z 为正整数，且 $X>Y>Z$。最后甲总共得了 22 分，乙与丙均得了 9 分。而且乙在数学科目中取得了第一名。

问：求 M 的值，并问谁在英语科目中取得了第二名。

12. 销售收入

一个做了 4 年公务员工作的人放弃公职，接受了一份销售的工作。干了一段时间后，有个朋友问起他的基本情况。他说："我已经工作好几个月了。第一个月的时候，我拿到的薪水和我做公务员时的工资一样，5000 多元。后来，每个月我的工资都能涨 230 元。没有多长时间，我的工资就有 7000 多元了。而从做销售到现在我已经赚了整整 63810 元了。"

问：这个人做公务员时每月的工资是多少？

13. 乘车

小明的妈妈每天都要坐公交车上班。从小明家到公司的公交车有两路，分别是 1 路和 2 路。这两路公交车的线路是一样的，而且都是每隔 10 分钟一趟。唯一不同的是 1 路车的首班车发车时间是 6 点 30 分，而 2 路车的首班车发车时间是 6 点 31 分。一个月下来，妈妈发现自己坐的 1 路车要比 2 路车多得多。

问：你知道这是为什么吗？

14. 猜字母

按照图中字母排列的逻辑，问号处该填哪一个字母？

15. 四瓶啤酒

有四瓶啤酒,你能设计出一种摆法,使每两只啤酒瓶瓶盖之间的距离相等吗?

16. 矩形和球

两只小球从一矩形边上的同一点出发沿矩形滚动,一个在矩形内部,一个在矩形外部——直到它们最终都回到起点。

如果矩形的宽是小球周长的两倍,而矩形的长是宽的两倍,那么,从起点出发再回到起点,两个小球自身各转了几圈?

17. 跳跃魔术

你的朋友告诉你,他今天要跟你打个赌:他首先把一副扑克牌洗好,把除了两个王以外的 52 张牌依次扣在桌面上,然后他把第二张牌翻开,是方片 5,他向前数 5 张牌,翻开后,是梅花 4,然后又向前数了 4 张牌,以此类推,每一次翻开的牌上面的数字是几,就向前走几步(J、Q、K 按 1 算)……最后,当翻开红桃 5 时,已经接近牌的末尾,无法再向前数了。

接着,他把除了最后翻开的红桃 5 以外的所有牌都翻回去。然后他说:"你可以从第一张牌到第十张牌任意选一张开始,重复我的过程。如果你最后的一张牌也停在红桃 5,那么你就输了;如果你最后一张不是红桃 5,那么我就输了。"你敢跟你的朋友打这个赌吗?

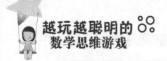

18. 倒卖自行车

一个商人以 50 元卖出了一辆自行车，然后又花了 40 元买了回来，这样显然他赚了 10 元，因为原来的自行车又回到他的手里，并且多了 10 元。

现在他把他花 40 元买来的自行车以 45 元又卖了出去，这样他又赚了 5 元，前后加起来一共赚了 15 元。

但是，有一个人却认为：

这个人以一辆价值 50 元的自行车开始，第二次卖出以后他有了 55 元，也就是说他只赚了 5 元。

而 50 元卖一辆车是一次纯粹的交换，表明不赚也不赔；

只有当他以 40 元买进而以 45 元卖出的时候，才赚了 5 元。

而另外一个人却认为：

当他以 50 元卖出并以 40 元买进时，他显然是赚了 10 元；

而当他以 45 元卖出时，则是纯粹的交换，不赚也不赔。所以他赚了 10 元。

似乎每个人说的都有道理，那么你认为谁才是正确的呢？

19. 正面与反面

桌上有 23 枚硬币，其中 10 枚正面朝上。假设蒙住你的眼睛，而你的手又摸不出硬币的正反面，如何才能把这些硬币分成两堆，使每堆正面朝上的硬币的个数相同？

20. 猎人的挂钟

一个住在深山中的猎人，他只有一只挂钟挂在屋子里。这天，因为忘了上发条钟停了，而附近又没有地方可以校对时间。

他决定下山到市集购买日用品，出门前他先上紧挂钟的发条，并记下了当时挂钟的时间：上午 6:35(时间已经不准了)。途中他经过电信局，电信局的时钟是很准的，猎人看了钟并记下了时间：上午 9:00。到市集采购完需要的商品，猎人又原路返回。经过电信局时，电信局的时钟显示是上午 10:00。回到家里，墙上的挂钟指着上午 10:35。

问：现在的标准时间是多少？

21. 饮料促销

27 名同学去郊游，在途中休息的时候，口渴难耐，去小店买饮料。饮料店搞促销，凭三个空瓶可以再换一瓶。

问：他们最少买多少瓶饮料才能保证一人喝一瓶？

22. 巧抓乒乓球

两个人比赛抓球。

规则如下：

(1) 在桌子上放 100 个乒乓球，两个人轮流拿球装入自己的口袋。

(2) 每次拿球至少要拿 1 个，但最多不能超过 5 个。也就是可以拿 1 个、2 个、3 个、4 个或者 5 个。

(3) 拿到最后一个球(即第 100 个乒乓球)的人为胜利者。

问：如果你是先拿球的人，第一次时你该拿几个球？

以后怎么拿才能保证你得到第 100 个乒乓球？

23. 沙漏计时器

据说，鸡蛋煮得过生或者过熟都会影响鸡蛋中营养成分的吸收。假设煮鸡蛋最恰当的时间是 5 分钟，但你手上只有一个 4 分钟的沙漏计时器和一个 3 分钟的沙漏计时器。

问：怎样做才能用这两个计时器确定 5 分钟时间呢？

24. 滚动的硬币

如图，带箭头的硬币可以沿 7 个固定的硬币滚动。

问：当它回到出发点时，这个硬币滚了几圈？箭头将朝哪个方向？

25. 父亲节的玫瑰花

于先生有五个女儿，一年的父亲节，五个女儿分别送于先生 1 束玫瑰花。

这 5 束玫瑰花各有特色：它们每束有 8 朵，而玫瑰的颜色分别为黄、粉、白、

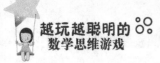

红4种。而且，所有的玫瑰花加起来，4种颜色的花的总数一样多。但是5束花看起来是有所区别的，每一束花中不同颜色花的数量并不相同，而且每种颜色的花都至少会有1朵。

五个女儿送的花的情况是：

大女儿送的花束中，黄色的花比其余3种颜色的花加起来还要多；

二女儿送的花束中，粉色的花比其余任何一种颜色的花都少；

三女儿送的花束中，黄色花和白色花之和与粉色花和红色花之和相等；

四女儿送的花束中，白色花是红色花的两倍；

小女儿送的花束中，红色花和粉色花一样多。

问：每个女儿送的花束中，4种颜色的玫瑰花各有几朵？

26. 猜牌术

表演者将一副牌交给观众，然后背过脸去，请观众按他的口令去做。

(1) 在桌上摆3堆牌，每堆牌的张数(假如是15张)要相等，但是不要告诉表演者。

(2) 从第2堆牌中拿出4张牌放到第1堆里。

(3) 从第3堆牌中拿出8张牌放到第1堆里。

(4) 数一下第2堆还有多少牌(本例中还有11张牌)，从第1堆牌中取出与第2堆相同数的牌放到第3堆里。

(5) 从第2堆里拿出5张牌放到第1堆里。

表演者转过脸来，现在说："把第2堆、第3堆牌拿开，那么第1堆里还有21张，对不对？"观众数一下，果然还有21张。

问：这其中有什么诀窍呢？

27. 人名的加法

唐纳德、杰拉德、罗伯特三人是好朋友，他们的英文名字分别为DONALD、GERALD、ROBERT。

他们一个共同的朋友很喜欢开玩笑，一天，这个朋友用三个人的名字设计了一个有趣的题目：

已知公式：

DONALD＋GERALD＝ROBERT

在上面的这个公式中共有10个不同的英文字母，它们与0~9这10个阿拉伯数字一一对应。

现在已知D＝5。

请在5分钟之内计算出其余9个字母分别代表什么数字。

28. 填空格

请仔细观察下图,想想问号代表什么?

29. 转硬币

有两枚同样大小的硬币,一枚固定在桌面上,另一枚绕着它旋转。

问:外面的硬币在从初始位置到绕着固定硬币转一圈回到初始位置的过程中,自转几周呢?

30. 立方体网格

一个立方体有 6 个面,但下面的方格都能构成立方体吗?观察下面的方格,哪些可以构成立方体?

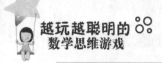

31. 分田地

解放战争时,有个村子在打土豪、分田地。最后就剩下两个农户了,他们两人要分三块儿地。三块儿地刚巧都是正方形的,边长分别为:30米、40米、50米。

问:村民打算把这三块儿地平均分给两个农户,该怎么分?

32. 水与水蒸气

已知水蒸发变成水蒸气,体积增加了10倍。

问:如果这些水蒸气再变成水,体积变为原来的几分之几?

33. 起起落落

在内地的一个食品店引入了一种海鲜。由于这里的人没有吃过海鲜,就都不敢吃。老板看了之后,决定降价15%,先让大家尝尝鲜。结果过了一段时间后,海鲜市场打开了,海鲜也变得供不应求。老板决定再涨价15%。

问:现在的海鲜价格比起最开始的价格,是高了、低了还是没变?

34. 工厂车间

在一个工厂车间里,有两条传输皮带,皮带的长度都是100米,两条皮带的终点在一起,甲、乙两种原料分别被放在两条皮带的起点上。运输甲的为1号皮带,运输乙的为2号皮带。由于两条皮带的转动速度不同,当甲到达终点的时候,乙还有10米才能到。为了让甲、乙两种原料同时到达终点,车间主任对皮带做了改进:保持各自速度不变,把1号皮带延长10米。

问:两种原料是不是能同时到达终点了?

35. 卖金鱼

马大叔在市场上开了个商店专门卖各种各样的金鱼。过了几天他发现,黄尾和红尾的金鱼最好卖,但是令他不解的是,有时候一天红尾金鱼最好卖,有时候黄尾金鱼最好卖,似乎客人总是扎堆买同一种金鱼。由于进价的原因,黄尾金鱼10块钱5条,红尾金鱼10块钱2条。他想着如果把两种金鱼搭配着卖就能卖得更多了,于是他进了同样数量的黄尾金鱼和红尾金鱼混在一起,卖20元7条金鱼。卖光后,他发现比单独卖少卖了180元钱。

问:这是怎么回事呢?他进货时黄尾金鱼、红尾金鱼各进了多少只?

36. 冰棍的价格

阿聪和女朋友小丽去逛公园,玩得累了,小丽就想买个冰棍,看了价格后,阿聪说:"我的钱正好只差1分。"女友说:"我差5块钱。"卖冰棍的说:"你们俩合买一根好了。"小丽撇了撇嘴说:"那也不够。"

问:一根冰棍多少钱?

37. 用人的报酬

有一个财主有一屋子的珍珠，他想找个聪明人为他清理一下自己的珠宝总数，有个女孩毛遂自荐。在经过了各种考察之后，财主觉得这个女孩有足够的能力，就问她要什么报酬。女孩说："我用 30 天的时间为你清理出珠宝的数目，第一天你给我 1 颗珠宝，第二天你给我 2 颗，第三天 4 颗。照这样下去，每天都比前一天加 1 倍。只要 30 天就可以了。"财主想了想说："你的要求不高，就这样吧。"但是，没过几天，财主发现事情不对劲了：半屋子的珍珠已经都给了这个女孩，还是不够；不到 30 天，即使财主把所有珠宝给这个女孩也付不起她的报酬了。

问：为什么会这样呢？

38. 三张组合

有红桃、黑桃、梅花的 A～5 共 15 张牌，从中抽出 3 张，这 3 张牌的大小组合共有多少种？

39. 花色组合

从一副牌中去掉所有的方块，只剩下 3 种花色。现在从中抽出 4 张牌，能得到多少种花色组合？

40. 三重 JQK

有下面一个由 J、Q、K 及加号、等号组成的等式，J、Q、K 分别是 1～9 中不同的三个数字，那么，它们分别相当于哪些数字呢？

$$JJJ+QQQ+KKK=JQQK$$

41. 尾巴搬上脑袋

下面 6 张扑克有这样的特点：将它乘以 4 以后，得到的数正好是将末尾的扑克放到首位上来。

问：你能找出其他的有这种特点的扑克组合吗？

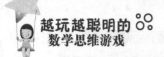

42. 抽牌概率(1)

从一副已经洗乱的扑克牌(加1张鬼，共53张)中，随机不断抽出牌。
问：先抽到鬼后再把4张A抽出的概率是多少？

43. 抽牌概率(2)

从一副已经洗乱的扑克牌(共52张)中，随机抽出5张牌。
问：抽到同花顺的概率是多少？

44. 抽牌概率(3)

从一副牌中去掉花牌，只留下A～10共40张牌。现在从中抽出6张，
问：(1) 在这6张中至少有3张A的概率是多少？
(2) 在这6张中A、2、3至少各有1张的概率是多少？

45. 牌色概率

30张红桃和70张黑桃混在一起放在桌上，甲从中随机抽出一张。乙根据偷看的印象说，甲抽到的是黑桃。但是根据当时的情况，乙正确的可能性是80%。
问：甲抽到的确实是黑桃的概率是多少？

46. 分苹果

甲、乙、丙三家住在一层楼里，他们共同打扫走廊的卫生。他们约定，9天每家打扫3天。但是，由于丙家里有事，没有时间打扫，楼梯就由甲、乙两家代替打扫。这样甲家打扫了5天，乙家打扫了4天。丙回来以后就买了9斤苹果表示感谢。
问：丙该怎样分配这9斤苹果才算合理？

第二章

数字应用

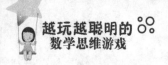

47. 午餐分钱

约克和汤姆结对旅游，他们一起吃午餐。约克带了 3 块饼，汤姆带了 5 块饼。这时，有一个路人路过，路人饿了。约克和汤姆邀请他一起吃饭。约克、汤姆和路人将 8 块饼全部吃完。吃完饭后，路人感谢他们的午餐，给了他们 8 个金币。

约克和汤姆为这 8 个金币的分配产生了争执。汤姆说："我带了 5 块饼，你带了 3 块饼，理应我得 5 个金币，你得 3 个金币。"约克不同意："既然我们在一起吃这 8 块饼，理应平分这 8 个金币。"约克坚持认为每人各得 4 个金币。为此，约克找到公正的法官。

法官说："孩子，汤姆给你 3 个金币，因为你们是朋友，你应该接受它；如果你要公正的话，那么我告诉你，公正的分法是，你应当得到 1 个金币，而你的朋友汤姆应当得到 7 个金币。"

约克不理解。大家知道这是为什么吗？

48. 查账

洁洁小姐在一个商店里做收银员。有一天，她在晚上下班前查账的时候，发现现金比账面少 153 元。她知道实际收的钱是不会错的，只能是记账时有一个数点错了小数点。

问：她怎么才能在几百笔账中找到这个错数呢？

49. 扑克牌的顺序

大家都知道扑克牌，一副牌一共有 54 张，其中有 2 张王牌，其余的 52 张牌则分为红桃、方块、梅花、黑桃四种花色，每种花色各 13 张。

我们取这样一副扑克牌，去掉其中的 2 张王牌，然后给剩下的 52 张牌编号，号码从 1 编到 52。

这样，在初始状态下，这 52 张牌 1 号在最下面，2 号在下数第 2 张的位置，3 号在下数第 3 张的位置……52 号在最上面。

现在开始洗牌。假如洗牌的技术一流，每次都会把这副牌平均分成 26/26 两手，而且每次洗下来的牌都是左右各 1 张相间而下(每次洗牌都先让编号为 1 的牌最先落下)。

这样，第一次洗完牌之后，这副牌的状态变成：1、27、2、28、3、29、…、26、52。

问：按照上面的洗牌规则，一共需要洗几次牌才能使这副牌重新回到初始状态(即 1、2、3、4、…、51、52 从下到上排列)?

50. 运动员和乌龟赛跑

历史上曾经有一个非常著名的逻辑学悖论，叫阿基里斯追不上乌龟。

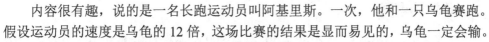

内容很有趣,说的是一名长跑运动员叫阿基里斯。一次,他和一只乌龟赛跑。假设运动员的速度是乌龟的 12 倍,这场比赛的结果是显而易见的,乌龟一定会输。现在我们把乌龟的起跑线放在运动员前面 12 公里处。那么结果会如何呢?

有人认为,这名运动员永远也追不上乌龟。

理由是:当运动员跑了 12 公里时,那只乌龟也跑了 1 公里,在运动员的前面。当运动员又跑了 1 公里的时候,那只乌龟又跑了 1/12 公里,还是在运动员前面。就这样一直跑下去,虽然每次距离都在拉近,但是运动员每次都必须先到达乌龟的起始地点,那么这时又相当于他们两个相距一段路程跑步了。这样下去,运动员是永远也追不上乌龟的。

问:你是怎么认为的呢?

51. 砌高墙

如果砌一个 10 米长、1 米高、0.5 米厚的墙需要 12 个人干 1 天的话。

问:3 个人砌一个 30 米长、3 米高、1 米厚的墙需要多长时间?

52. 发家致富

有个懒汉,不想通过自己的努力改善生活,只想着与人赌博快速赚到钱。他在村口摆了个摊位,由于没有作弊的天赋,只好与人猜硬币的正反面。他最开始用一枚硬币,猜正反面,发现由于一枚硬币正反面出现的概率是 50%,所以他长时间下来不输不赢。后来他想到一个法子:做三枚硬币,一个一面正面一面反面,一个两面都是正面,一个两面都是反面。把三个硬币放在袋子里,让别人随手抽两个放在桌子上,不去看它。如果这两个硬币朝上的一面相同的话,这个人可以得到 3 元奖励,但是如果不同的话,这个人就支付 2 元钱。

问:通过这种方法,这个人能致富吗?

53. 分枣

幼儿园里,园长给新来的老师一包枣,让她把这些枣分给小朋友们,并告诉她分法如下:第一个小朋友得到 1 颗枣和余数的 1/9;第二个小朋友得到 2 颗枣和余数的 1/9;第三个小朋友得到 3 颗枣和余数的 1/9;给剩下的小朋友的枣数以此类推。园长告诉他只要按这个方法分,所有小朋友都会得到枣,并且是公平合理的。老师将信将疑地按园长的分法做了,结果确实如此。

问:一共有几个小朋友,几颗枣呢?

54. 每种家禽有多少只

一个农民养了鸡、鸭、鹅三种家禽,已知鸡的数目是鹅的 3 倍,而鸭子的数目是鹅的 2 倍;同时,每种家禽的数目都不会超过 10 只。请你计算一下,这个农民养的鸡、鸭、鹅各有多少只?

55. 小明的喜好

在数字中，小明喜欢 25 不喜欢 30，喜欢 900 不喜欢 800，喜欢 169 不喜欢 170。

问：你知道这是为什么吗？

56. 打字速度

两名打字员打两页书稿需要 2 个小时。

问：18 名打字员打 18 页书稿需要多长时间？

57. 现在几点

从现在开始，两个小时以后到中午 12 点之间的时间是一个小时以后到中午 12 点之间的时间的一半。

问：现在几点？

58. 小明的烦恼

小明发现自己身边的朋友家里都有两个孩子，他便思考：如果家里有两个孩子的话，那么就有可能是三种情况：两个都是男孩、两个都是女孩、一个男孩和一个女孩。所以，如果生两个孩子的话，都是男孩的概率是 1/3。但是，他自己又隐隐约约地感到不安，觉得似乎自己错了。

问：你能指出他哪里错了吗？

59. 奇数还是偶数

监狱里有两个囚犯，每天的晚餐都有一个鸡腿，两个人没法分。于是其中一个囚犯就拿出两个骰子，对另一个囚犯说："我这有两个骰子，我们用它们来决定谁吃这个鸡腿。如果点数和是奇数，鸡腿就归你吃，点数和是偶数，鸡腿就归我吃。"另一个囚犯一听，觉得很不公平，因为两枚骰子得到偶数的情况可能是 2、4、6、8、10、12 六种，而得到奇数的情况只有 3、5、7、9、11 五种。

问：你觉得这样做公平吗？点数和为偶数的概率是多少？

60. 写数字

如果用毛笔写数字，每写一个数字(0、1、2、3、4、5、6、7、8、9 共十个)需蘸 1 次墨水。

问：要把 97～105 的所有数连续写出，共需蘸多少次墨水？

61. 最短路线

有一个正方体的屋子，在一个角处有一只蜘蛛，它想爬到对角处那个角上去。

问：你能帮它设计出一条最短的路线吗？

62. 散落的书页

小红的一本书散开了，发现其中一张上面：左边是第 8 页，右面是第 205 页。

问：根据这个，你能否说出这本书有多少页？

63. 入学考试

某著名高校的入学考试规则如下：考生在三天内做无限道选择题，答对一道得 6 分，答错一道扣 3 分。小明参加了考试，别人问他成绩时，他说："我的成绩是下面几个中的一个：30 分、12190 分、5246 分、121 分、9998 分。"

问：你能猜到他到底得了多少分吗？

64. 种树

婧婧家后面有一座小山，她非常关注环境，从很小的时候就开始在山上种树。在 7 岁的时候，她在山上种了 10 棵树，从那以后，她每隔一年半都要种 10 棵树。

若干年过去了，她一共种了 150 棵树就不再种了。一天，婧婧对孩子说："在这批树中，最早种的那 10 棵树的年龄是最后一批树的 8 倍。"

问：你能算出婧婧现在多少岁了吗？

65. 汽车相遇

美国某小镇车队有 17 辆小公共汽车，每天在相距 197 公里的青山与绿水两个小镇之间往返运客。每辆车到达小镇后司机都要休息 8 分钟。司机杰克上午 10:20 开车从青山镇出发，在途中不时地遇到(有时是迎面驶来，有时是互相超越)一辆本车队的车。下午 1:55 他到达绿水镇，休息时发现本队的其他司机一个都不在。没有同伴可以聊天，杰克就静静地回忆刚才在路上遇到的本车队的那些人。

问：杰克一共遇到了本车队的几辆车？

66. 填球体

你能把多少个相同的球放进一个直径是它们直径 3 倍的大球中？

67. 迪拜塔

迪拜塔是现在世界上最高的建筑，一共有 160 层。迪拜市长想要组织一次迪拜塔爬塔比赛，第一个从楼梯爬到楼顶的人可以在其中的豪华酒店免费住三晚。最终参赛者有三个人：约翰在 10 分钟内能从 1 层爬到 20 层；查理在 5 分钟内能从 1 层爬到 10 层；史密斯在 20 分钟内能从 1 层爬到 40 层。

问：他们能否达成平手？如果不能，谁先爬完迪拜塔？

68. 家庭活动

一家三口，爸爸在民航工作，每 3 天休息 1 天；妈妈是医生，每 5 天休息 1 天；

豆豆在外地上学，每6天回1次家。这周日一家三人刚刚一起去看了场电影，他们约定下次还一起在家的时候就去欢乐谷。

问：你知道他们最早要多少天以后才能一起去吗？

69. 穿越

有一个人穿越到公元前10年3月15日，在那个时代生活到公元10年3月14日，回到了现在。

问：这个人是在穿越的第几个年头回来的？

70. 掷骰子

用两颗骰子抛出7点，搭配有1和6、2和5、3和4，抛出8点的搭配有4和4、3和5、2和6。

问：掷出7点和8点的概率一样吗？

71. 开会

有一个大型会议，组织方会给每个参会者一个袋子，袋子里有参会者的姓名牌。临开会前，组织者得到消息：有五个袋子里面的姓名牌放错了。组织者知道是哪五个袋子，同时也知道是五个袋子中的两个姓名牌放错了，另外三个是正确的。

问：这种情况发生的方式有多少种？如果是四个正确的，一个错误的呢？

72. 有问题的钟

从前有一位老钟表匠，为火车站修理一只大钟。由于年老眼花，他不小心把长短针装反了。修完的时候是上午6点，他把短针指在"6"上，长针指在"12"上，钟表匠就回家去了。人们看这钟一会儿7点，过了不一会儿就8点了，都很奇怪，立刻去找老钟表匠。等老钟表匠赶到，已经是下午7点多钟。他掏出怀表一对，钟准确无误，怀疑大家是有意捉弄他，一生气就回去了。这钟还是8点、9点地跑，人们又去找钟表匠。这时老钟表匠已经休息了，于是第二天早晨8点多赶过去用怀表一对，时间仍旧准确无误。

问：老钟表匠第一次对表的时候是7点几分，第二次对表又是8点几分？

73. 两个赌徒

两个赌徒赌了一辈子，到老了赌得倾家荡产啥也没有了，只剩下每人一颗骰子。他们仍不知悔改打算掷骰子度过余生。他们每人的骰子都被磨损得看不清了，都只有三面上的点数还看得出来。第一个赌徒的骰子只有2、4、5三面可以辨认，第二个赌徒的骰子只有1、3、6三面可以辨认。他们用这两只骰子比谁掷得的点数大。

问：如果游戏一直进行下去，最后谁会赢？

74. 奇怪的加法

老师讲了什么叫加法，并教大家如何用手指头来算加法。为了提高同学们的计算能力，他向同学们解释说，在家里很多东西都可以用加减法来计算，比如尺子一格代表 1 厘米，5 格加上 2 格，长度就是 7 厘米。老师让大家回家找到合适的东西，做加法计算，并把结果写出来。第二天，检查作业的时候，老师发现小红的作业本上有很多奇怪的加法：

3＋5＝1　　2＋7＝2　　4＋11＝1
1＋2＝3　　6＋3＝2　　5＋4＝2

老师很生气地说："你是怎么学加法的？6 道题只做对了 1 道！"

但是小红却坚持自己是正确的，并做出了解释，听完解释后，老师不得不承认这些答案是正确的。你知道是为什么吗？

75. 买桃

有个农民想让自己的儿子小明去镇上买桃，左右邻居知道了，也想托小明捎点回来。三个人每人给了小明 20 元，小明便用这 60 元买回来一大袋桃，分给三家。平分后，小明说，商贩看他买得多，就要了 50 元，还剩 10 元拿回来了。三人每人要了 2 元，给小明留下 4 元作为酬劳。小明高高兴兴地走开了，回头算账时，他却陷入了疑惑：三人每人退回 2 元，相当于每人花了 18 元，共 54 元，自己还留了 4 元，这样的话一共是 58 元。可是当初自己明明拿了 60 元，那么还有 2 元哪里去了呢？

76. 胚胎

大多数生命最开始就是一个受精卵——单细胞。通过不停地细胞分裂形成胚胎，我们身体内的器官也一样。假如有一种动物的肝脏是从单个细胞分裂出来的，开始时是 1 个细胞，1 个小时后分裂成 2 个，再过 1 个小时后变成 4 个……等到 100 个小时后，形成完整的肝脏。

问：其他条件都一样的另一种动物，从两个细胞分裂出肝脏，需要多长时间？

77. 分配珠宝

12 个海盗抢到了 100 个珠宝，于是他们商量分配方法，要求：每个人分到的珠宝数目中必须有一个"4"。

问：该怎么分？

78. 特别的称重

宇华在实验室做实验，他要用 3 克的碳酸钠作为溶质，但是他的手边只有一袋标着 56 克没有拆封的碳酸钠，还有一架只有一个 10 克砝码的天平。这时，实验室

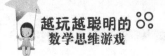

只有他一个人,也找不到其他的称量工具。

问:在现有的条件下,他该怎样称出 3 克的碳酸钠来呢?

79. 射击比赛

奥运会射击比赛中,甲、乙、丙三名运动员各打了 4 发子弹,全部中靶,其命中情况如下:

(1) 每人的 4 发子弹所命中的环数各不相同;

(2) 每人的 4 发子弹所命中的总环数均为 17 环;

(3) 乙有两发命中的环数分别与甲其中两发一样,乙另两发命中的环数与丙其中两发一样;

(4) 甲与丙只有一发环数相同;

(5) 每人每发子弹的最好成绩不超过 7 环。

问:甲与丙命中的相同环数是几环?

80. 抽顺子

把一副共 52 张的扑克牌任意分成 13 堆,每堆 4 张牌。现在有人说,一定存在一种方式从每堆牌中抽出一张来一共 13 张,使这 13 张恰好凑成一条不一定同花的顺子。

问:你觉得可能吗?

81. 牌的张数

甲、乙、丙三人在一起玩牌,玩到一半的时候,互相报剩牌的张数。甲对乙说:"真巧,如果我用 6 张牌换你 1 张,那么你的张数就是我的 2 倍。"丙对甲说:"如果我用 14 张牌换你 1 张,那么你的张数将是我的 3 倍。"乙对丙说:"要是我用 4 张牌换你 1 张,那么你的张数将是我的 6 倍。"

问:从这三个人的话中,你能知道他们各自还有多少张牌吗?

82. 抽牌概率问题

有 4 张扑克牌,分别是红 A、黑 A、红 2、黑 2。现在从中随机抽取两张牌,已知抽到了一张 A,现在问:两张都是 A 的可能性是多少?

有两种思路。

(1) 从 4 张牌中取 2 张牌,一共有 6 种不同的取法。如果抽到了一张 A,那就排除了红 2 黑 2 这种组合,即还剩下 5 种可能。所以两张都是 A 的可能性是 1/5。

(2) 已抽到的那张 A 不是红 A 就是黑 A。假设是红 A,那么另一张只能是黑 A、红 2、黑 2。即两张都是 A 的可能性是 1/3。假设是黑 A,同理可知两张都是 A 的可能性也是 1/3。可见,已抽到的那张牌不论红 A 还是黑 A,抽到两张 A 的可能性都是 1/3。

所以答案是 1/3。

问：上面哪种方法是错误的？错在哪里？

83. 扑克游戏推理

甲、乙两人打扑克，最后两人手中各剩 8 张牌。甲吹牛说，他手里有一副"顺子"：5 张连续的牌，没有一张断开。乙心里却很明白甲在吹牛。乙必然是根据自己手里的牌推测出甲在撒谎。

问：乙手里是什么样的牌呢？

84. 数学家打牌

一天，几位数学家坐在一起打牌。打了一会儿后旁边有人问他们都还剩几张牌。其中一位数学家保罗答道："我的牌最多，约翰的其次，琼斯的再次，艾伦的牌最少。我们四人剩下的牌总共不超过 17 张。如果把我们这四家牌的数目相乘，得到这个数。"说完，这位数学家在一张纸上写下一个数字给他看。

那人看了这个数字后，说道："让我来试试把每人牌的数目算出来。不过要解这个问题，已知数据还不够。请问：艾伦，你的牌是 1 张呢，还是不止 1 张？"

艾伦回答了这个问题。那人听后，很快就准确地计算出了每人牌的数目。

问：你能否算出每位数学家手里有几张牌呢？

85. 花色问题

甲和乙正在玩扑克牌，甲手中有 13 张牌，其中：

(1) 每种花色的牌至少有 1 张；
(2) 各种花色的牌的张数不同；
(3) 红桃和方块总共有 5 张；
(4) 红桃和黑桃总共有 6 张。

问：甲手里哪种花色的牌有 2 张？

86. 排队

有个学校，学生每 3 人一队，正好排完；每 5 人一队，最后还剩 3 人；每 7 人一队，最后也是剩 3 人。

问：你知道这个学校一共有多少名学生吗？

87. 马和猎狗

一只猎狗追赶一匹马，狗跳 6 次的时间，马只能跳 5 次，狗跳 4 次的距离和马跳 7 次的距离相同。马在前面，跑了 5.5 千米以后，狗开始在后面追赶。

问：马跑多长的距离才被狗追上？

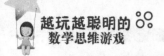

88. 算算有多少只羊

《算法统宗》是中国古代数学著作之一。书里有这样一道题：甲赶群羊逐草茂，乙拽肥羊一只随其后，戏问：甲及一百否？甲云所说无差谬，若得这般一群凑，再添半群小半群(注：四分之一的意思)，得你一只来方凑。玄机奥妙谁参透？

大意是说：牧羊人赶着一群羊去寻找草长得茂盛的地方放牧。有一个过路人牵着1只肥羊从后面跟了上来。他对牧羊人说："你好，牧羊人！你赶的这群羊大概有100只吧？"牧羊人回答道："如果这一群羊加上1倍，再加上原来这群羊的一半，又加上原来这群羊的1/4，连你牵着的这只肥羊也算进去，才刚好满100只。

问：牧羊人放牧的这群羊一共有几只？

89. 摘草莓

一家八口去采摘草莓。爷爷说："除我之外，你们7个人平均摘的草莓数是70个。我比全家摘的草莓的平均数多7个。"

问：爷爷摘了多少个草莓？

90. 鸡蛋的价钱

我买鸡蛋时，付给杂货店老板12元。可我突然发现这些鸡蛋比平时小了很多，于是，又让他无偿地给我添了2只鸡蛋。这样一来，每打(12只)鸡蛋的价钱就比当初的要价降低了1元。

问：开始时我买了多少只鸡蛋？

91. 公主选婿

相传古时候有位外国公主曾出过这样一道招婿题：一只篮子中有若干李子，取它的一半多1个给第一个人，再取其余一半多1个给第二个人，又取最后所余的一半多3个给第三个人。这时，篮内的李子就没有剩余了。

问：篮内原有多少个李子？

92. 三个城镇

一个外地人需要穿过A、B、C三个城镇去市里办事。在经过A城时，他发现了一个路标，上面写着："到B城40里，到C城70里。"等他到达B城时，发现另外一个路标，上面写着："到A城20里，到C城30里。"他困惑不解，等到了C城时，他又发现了一个路标，上面写着："到A城70里，到B城40里。"这回他完全迷糊了。于是，他去问一位本地人。那个人告诉他，那三个路标中，只有一个是完全正确的，另外一个有一半是正确的，还有一个是完全错误的。

问：你能判断出哪个路标是正确的，哪个路标是完全错误的吗？

第三章

趣味数学

93. 砝码数量

有一个天平,想要用它称出 1~121 克之间所有重量为整数克的物品。
问:至少要多少个砝码?每个砝码各重多少克?

94. 颠3倒4

你有办法用三个 3 得到一个 4 吗?

95. 重新排列

把 5 个 1~5 的 25 个数字填在一个 5×5 的方格中,使纵、横各行数字的和都相等,并且在同一行中一个数字不得出现两次。你会填吗?

96. 魔术方阵

我们知道用 9 个自然数能排成一个其纵向、横向、斜向相加之和均为 15 的魔术方阵(如下图)。

2	9	4
7	5	3
6	1	8

问:你能找出 9 个不同的自然数,排成一个其纵向、横向、斜向相加之和均为 18 的方阵吗?

97. 有趣的算术题

在什么情况下下列等式成立?
24+36=1
11+13=1
158+207=1
46+54=1
2-1=1

98. 有多少个3

你能算出 0~99 的 100 个数字中,共有多少个"3"吗?

99. 最后三位数是什么

625 的 625 次方的最后三位数是多少?

100. 有多少个0

你能不计算就看出 1×2×3×4×5×6×…×200 的结果中,末尾有多少个连续的数字 0 吗？

101. 算 24 点(1)

四个 0 经过怎样的数学运算可以算出 24？

102. 算 24 点(2)

三个 5 和一个 1 通过怎样的运算可以得到 24？

103. 算术题

用 7 除 2000^{2000}，余数为多少？

104. 公平分配

三人共同出钱，到镇上去买生活用品，回来后，除了酒之外的其他物品都可以均匀地分成三份。由于当时粗心大意，回来后他们才发现买的 21 瓶酒被商家动了手脚：最上面的 7 瓶是满的，中间一层的 7 瓶酒都只有一半，而最下面一层的 7 瓶是空瓶子。去找商家讨账是不太现实的了。

问：三人如何公平地分这些酒呢？(提示：两个半瓶可以合为一个满瓶)

105. 曹操的难题

官渡之战中曹操和袁绍对峙数月，曹操的粮草渐渐不支。依照曹军 20 万军队，他还可以支撑 7 天。第二天张辽带着大批人马来援助曹操，两队人马合在一起，曹操一算，现在的粮草还能支撑 5 天。

问：你知道张辽带来了多少人吗？

106. 抽屉原理

有一桶彩球，分为三种颜色：黄色、绿色、红色，你闭上眼睛抓取。

问：至少抓取多少个就可以确定你手上肯定有至少两个同一颜色的彩球？

107. 酒徒戒酒

有一个人对酒上瘾，一天三顿饭离不开酒，看电视时要喝酒、写东西时要喝酒、无聊时要喝酒、高兴时也要喝酒。但是长此以往身体就扛不住了，医生给他支个招："你这样，第一次喝完之后，你能坚持 1 小时以后再喝吗？"他说："可以。"医生说："那好，第二次间隔时间变成 2 小时，这样可以做到吗？"他说："可以。"医生说："那接下来，第三次的间隔时间是 4 小时，以此类推，第四次是 8 小时……每次间隔的时间都是上次的两倍。如果你能坚持，一定能戒掉酒的。"

问：你知道这是为什么吗？

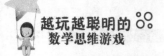

108. 某个数字

如下式所示,如果三个方框中是同一个数(一位数)的话,该是哪个数呢?
9□×□=57□

109. 拨开关

对一批编号为1~100,全部开关朝上(开)的灯依次进行以下操作:

凡是1的倍数,反方向拨一次开关;

2的倍数,反方向又拨一次开关;

3的倍数,反方向又拨一次开关;

……

依次类推。

问:最后为关熄状态的灯的编号是多少?

110. 星期几

今天是星期三,那么30000天后的那一天是星期几?

111. 抽奖

一次学校里举行元旦晚会,有一个抽奖活动。参加活动的一共有64人。大奖只有一个,老师决定:把所有的人围成一个大圆圈。先从老师开始,算第1号,开始数数,他右边的人算第2号,然后第3号,每隔一人数一个,数到是奇数的人都站出来,剩下的继续数,直到剩下最后一个人,大奖就归他。一个聪明的学生故意站到一个位置上,最后正好就剩下了他。

问:你知道他站在哪里了吗?

112. 两手数数

从左手的拇指开始数,到左右小指,再从左手小指到右手拇指,然后折回去,经过两个小指再到左右拇指(折回去数时两拇指都不重复计数)。

问:第2000根手指是哪个?

113. 火车开车时间

小刘:"我们出差的那趟火车是几点开车?"

小张:"开车的时间再过1999小时2000分钟2001秒,正好是12点。你应该能算出开车的具体时间吧。"小刘傻眼了。

问:你能帮他把时间算出来吗?

114. 相差的银子

一个财主死了,留下了100两银子的财产。他有10个儿子,遗嘱要求从小到大，每两人相差的银子数量都一样，而且又要给第八个儿子分到 6 两银子。10 个儿子你看看我、我看看你，都不知道该怎么分。

问：你能帮他们分清这笔遗产吗？每两个人相差的银子是多少？

115. 口袋里的钱

甲："我们三人口袋里的钱都不超过 30 元。"

乙："我口袋里钱的平方减去甲口袋里钱的平方正好是丙口袋里钱的平方。"

丙："我的钱比乙口袋里的钱少 5 元。"

问：三人口袋里各有多少钱？

116. 数学天才的难题

杜登尼是一位数学天才，这是他所提出的一个非常难解的七边形谜题。请在图中填入 1~14 的数字(不能重复)，使每边的三个数之和都等于 26。

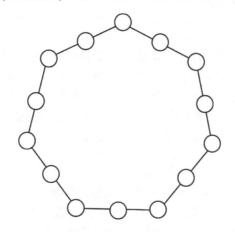

117. 五角幻方

你能把 1~12(7、11 除外)这些数字填入圆圈，使每条直线上的数的和都是 24 吗？数字 3、6 和 9 已经被填入。

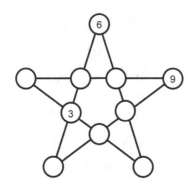

118. 死者的年龄

一名数学家去参加一位朋友父亲的葬礼,问起死者的出生年,朋友回答道:你不是数学家吗,现在告诉你几个信息,你自己算算吧:

(1) 死者没有活到 100 岁;
(2) 今年是 1990 年;
(3) 在过去的某一年,那一年的数字正好是死者当时年龄的平方。

问:你能算出他的出生年来吗?

119. 分蛋糕

小霞过生日,家里来了 19 个同学。爸爸买了 9 个小蛋糕招待这 20 个小朋友。怎么分呢?不分给谁也不好,应该每个人都有份。那就只有把这些蛋糕切开了,可是切成碎块儿太难吃了,爸爸希望每个蛋糕最多分成 5 块儿。

问:你有什么办法吗?

120. 凑钱买礼物

母亲节就要到了,三个孩子想凑钱合伙给妈妈买一个礼物,他们把衣兜里所有的钱都掏出来,看看一共有多少钱。结果一共有 32 元钱。其中有两张是 10 元的,两张是 5 元的,两张是 1 元的。每个孩子所拿的钱中没有两张是相同面值的。而且,没拿 10 元纸币的孩子也没拿 1 元的纸币,没拿 5 元纸币的孩子也没拿 10 元的纸币。

问:你知道这三个孩子原来各自拿了什么面值的纸币吗?

121. 年龄问题

有一位女士长得很漂亮,经常有人问起她的年龄。她不愿意直接回答,就说:"我女儿的年龄是我儿子年龄的 3 倍,我的年龄是我女儿的 6 倍,而我的年龄乘以我儿子的年龄就是我丈夫的年龄。如果我丈夫的年龄加上女儿和儿子的年龄,正好是孩子外祖母的年龄。今天我们要去她家庆祝她的八十大寿。"

问:你知道她的儿子、女儿、老公和她自己的年龄各是多少吗?

122. 星形幻方

你能否把 1~14 填入空格,使每一条直线上的数的和都是 30?

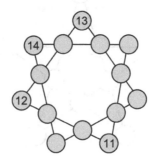

123. 七边形幻方

请把 1~14 填入圆圈，使七边形的每条边上三个数的和都是 26。

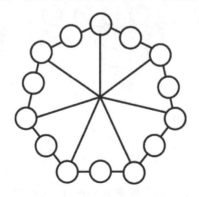

124. 赌注太小

王丫丫和李蛋蛋在玩一个小小的赌博游戏。王丫丫开始分牌，并且定下了如下规则：第一局输的人，输掉他所有钱的 1/5；第二局输的人，输掉他那时拥有的 1/4；而第三局输的人，则须支付他当时拥有的 1/3。

于是他们开始玩，并且互相间准确付了钱。第三局李蛋蛋输了，付完钱后他站起来说："我觉得这种游戏投入的精力过多，回报太少。直到现在我们之间的钱数，总共才相差 7 元钱。"这自然是很小的赌博，因为他们合起来一共也只有 75 元钱的赌本。

问：在游戏开始的时候王丫丫有多少钱？

125. 1 = 2?

假设：$a = b$ 且 $a, b > 0$
所以：$ab = bb$
$ab - aa = bb - aa$
$a(b-a) = (b+a)(b-a)$
$a = b + a$
$a = 2a$
$1 = 2$

问：上面的证明过程哪里错了？

126. 两数之差的三角形

请把所给的数字根据两条简单的规则插入三角形状的阵列中：一条规则是每个数字只能出现一次，另一条是每个数字必须是它正上方两个数字之差。例如，相邻两个数分别是 6 和 4，那么它们下方的数字就必须是 2。

最小的三角形已经填了从 1 到 3 的数字。

问：你能否将接下去的三角形分别填上从 1 到 6、1 到 10 和 1 到 15 的数字？

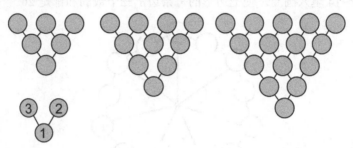

127. 猫兔赛跑

森林里举行田径冠亚军决赛。猫和兔子是唯一一对进入决赛的选手。发令枪声刚一响，反应灵敏的兔子立刻冲出了线外。猫突然发现兔子已经奔跑到了离它 10 步远的前方，便开始奋起直追。猫的步子大，它跑 5 步的路程，兔子要跑 9 步。但是兔子的动作快，猫跑 2 步的时间，兔子能跑 3 步。

问：按照这样的速度，猫能追上兔子吗？如果能追上，它要跑多少路程才能追上兔子？

128. 失落的数字

把失落的数字补上，使这个除法算式成立。

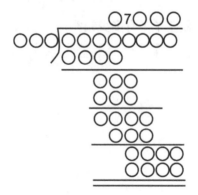

129. 时钟密码

先看一看由 A 和 B 两时钟等所组成的算式，然后根据规律计算一下 C 算式的结果是多少。

130. 选数字

老师让甲、乙、丙、丁四名同学分别从数字 1~9 中选出两个数字,他们之间选择的数字不能有重复。而且要求甲选的两个数字之和必须是 10,乙选择的两个数字之差必须是 1,丙选择的两个数字之积必须是 24,丁选择的两个数字之商必须是 3。

问:你知道这四个人分别选择了哪两个数字吗?而最后剩下的那个数字又是几?

131. 走路的孩子

一个孩子刚学了关于角度的知识,非常兴奋,便带上一个大的量角器,从一个点出发,向前走了 1 米,然后向左转 15 度;再向前走 1 米,然后再向左转 15 度……

问:他这样走下去,可以回到他的出发点吗?如果可以的话,他一共走了多少米的路程?

132. 拼凑出 10

请在下图的 4 张牌之间添加()＋×÷这 4 个符号(顺序不限),使计算结果是 10。

133. 翻黑桃

4 张 A 背面朝上摆在你面前,发牌者告诉你,黑桃 A 在前 3 张里的概率是 90%。现在你翻开前两张发现都不是黑桃。

问:黑桃 A 是第 3 张和第 4 张的概率分别是多少?

134. 六色相同

从一副完整的扑克牌中至少抽出多少张,才能保证 6 张牌的花色相同?

135. 红黑相同

现有一副去掉两张王的扑克牌,共 52 张。把它洗匀后,分成 A、B 两组,各 26 张。

问:这时 A 组中的黑色牌数和 B 组中的红色牌数相同的概率有多大?

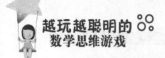

136. 手里的剩牌

三个人一起玩牌，玩到一半的时候统计各自手里的剩牌张数。小王说："我还剩 12 张，比小李少 2 张，比小张多 1 张。"小李说："我剩的张数在三个人中不是最少的，小张和我相差了 3 张，他剩了 15 张。"小张说："我剩的张数比小王少，小王剩了 13 张，小李剩了 11 张。"

问：如果三个人每个人说的三句话中只有两句是正确的，那么他们分别剩了多少张牌？

137. 有趣的 37

37 这个数字很有趣，不信请看下面的这些算式：

37×3＝111
37×6＝222
37×9＝333
37×12＝444
37×15＝555
……

问：根据这些算式，你能用六个 1，六个 2，……，六个 9，分别组成一个算式，使结果都是 37 吗？

138. 有趣的算式

7×9＝63
77×99＝7623
777×999＝776223

请不通过计算，直接写出下面式子的结果：

7777×9999＝
77777×99999＝
777777×999999＝
7777777×9999999＝

139. 哪桶是啤酒

一位酒商有 6 桶酒，容量分别为 30 升、32 升、36 升、38 升、40 升、62 升。其中 5 桶装着葡萄酒，1 桶装着啤酒。第一位顾客买走了两桶葡萄酒；第二位顾客所买的葡萄酒是第一位顾客的两倍。

问：哪一个桶里装着啤酒(酒是要整桶出售的)？

140. 兔妈妈分萝卜

兔妈妈分萝卜。如果家中每个宝宝分 1 根还剩 1 根，如果每个宝宝分 2 根还少

2 根。

问：家中有几个宝宝？兔妈妈有几根萝卜？

141. 做题速度

三名同学比赛做题速度，规定在一个小时内，谁做得多就算谁赢。时间到了，他们统计各自做的题数。王同学说："我做了 12 道，比李同学少 2 道，比张同学多 1 道。"李同学说："我做的题在三个人中不是最少的，张同学和我相差了 3 道，他做了 15 道。"张同学说："我做的题比王同学少，王同学做了 13 道，李同学做了 11 道。"

问：如果三名同学每个人说的三句话中只有两句是正确的，那么他们分别做了多少道题？

142. 12 枚硬币

有 12 枚硬币，包括 1 分、2 分和 5 分，共 3 角 6 分。

问：其中有 5 枚硬币是一样的，那么这 5 枚一定是几分的硬币？

143. 国王的年龄

考古队到沙漠考古，发现了一个墓碑，上面记着这样几句话："我曾经是一个伟大的国王。在我的一生中，前 1/8 是快乐的童年。过完童年，我花了 1/4 的生命来周游世界，增加自己的才能。在这之后，我继承了王位，休养生息 4 年后，取得了强大的国力，然后与邻国开始了持续 12 年的战争。我在位的时间只持续了我生命的 1/2，之后被奸臣推下了台，便在绝望中度过了 9 年，也跟着结束了我的一生。"

问：根据墓碑上的信息，你能算出这个国王的年龄吗？

144. 涂色问题

在下图的 1×6 矩形长条中涂上红、黄、蓝三种颜色，每种颜色限涂两格，且相邻两格不同色，则不同的涂色方法共有多少种？

145. 分奖金

甲、乙、丙、丁四个人是清洁工，在春节期间，临时负责 24 条街道的清洁工作。他们约定，每个人负责 6 个街区。但是，由于丙家里有事，没有时间打扫，这 24 条街道就由另外三个人负责了。这样，甲打扫了 7 条街道，乙打扫了 9 条街道，丁打扫了 8 条街道。后来发了奖金，在所有人领完自己的奖金后，丙让其他三个人分了自己的那一份：2400 元。

问：三个人应该怎么分配这些钱？

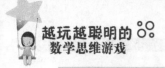

146. 刷碗

小明和小红是兄妹俩，妈妈让他们去刷碗，自己在客厅里看电视。等到 10 只碗都被刷完的时候，兄妹俩一起走到妈妈面前。妈妈转过脸对他们说："小明，把你刷的碗数乘以 3；小红，把你刷的碗数乘以 4，再把两个数加起来，告诉我答案。"

两人同时回答："34。"

妈妈说："那我知道你们每个人各刷多少碗了，小明刷的碗比小红多。"

请你算一下，俩人各刷了多少个碗，妈妈是怎么知道的？

147. 画出球的表面积

假如给你一个足够大的圆规、一个足球、一张白纸，你能只用圆规在白纸上画出足球表面积一半那么大的圆吗？

148. 一个比四个

有两个一样大的正方形，一个正方形内有一个内切圆，另一个正方形分成了四个完全相同的小正方形，每个小正方形内有一个内切小圆。

问：四个小圆的面积之和与大圆的面积哪个大？

149. 分放宝石

从前有一个外国使者，想为难一下年轻的王子，他拿出了 30 颗硕大的宝石和蓝色、红色两个盒子。使者对王子说："我们来做一个游戏，在开始的时候，要让你蒙上眼睛，我把这 30 颗宝石分别往这两个盒子里面放。如果我往红盒子里放，每次放一颗；如果我往蓝盒子里放，就每次放两颗。我每放一次，我旁边的同伴就会拍一次掌，当我放完后，你要说出有多少颗宝石在红盒子里。如果猜对的话，这些宝石就全是你的；如果猜错了，你要给我和这些宝石相等价值的宝物。可以吗？"王子同意了。于是按要求去做，王子听到 21 次拍掌。他很快就说出了红盒子里宝石的数量，结果他赢得了宝石。

问：红盒子里有多少颗宝石？

150. 默想的数字

一天，爸爸对小明说："你在心里默想一个数字，然后把这个数字减去 3，再把结果乘以 2，然后再加上你默想的这个数字。你把结果告诉我，我就能知道你想的数是多少。"你知道其中的秘密在哪里吗？

第四章

用数说话

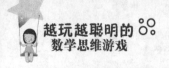

151. 三人决斗

三个小伙子同时爱上了一个姑娘，为了决定谁能娶这个姑娘，他们决定用手枪进行一次决斗。阿历克斯的命中率是 30%，克里斯比他好些，命中率是 50%，最出色的枪手是鲍博，他从不失误，命中率是 100%。由于这个显而易见的事实，为公平起见，他们决定按这样的顺序：阿历克斯先开枪，克里斯第二，鲍博最后。然后这样循环，直到他们只剩下一个人。

问：这三个人中谁活下来的机会最大？他们都应该采取什么样的策略？

152. 分配任务

班长为全班同学分配任务：1/7 的同学负责扫地，1/4 的同学负责拖地，负责这两个任务的同学数量差的 5 倍的同学负责打扫厕所，最后剩下的两位同学负责擦黑板和做黑板报。

问：这个班一共有多少个同学？

153. 地租

某农场主将农场平均分成两份租给两个长工，第一个长工在元旦租下一半农场，另一个长工在 8 月 1 日租下农场。到了年末，第一个长工交了 12000 元和 100 斤麦子作为地租，第二个长工交了 4000 元和 100 斤麦子作为地租。

问：麦子现在多少钱 1 斤？

154. 多少个演员

有个人问剧团团长："剧团现在有多少个演员？"他回答说："2/7 的演员去了西藏，1/9 的人去了北京，1/3 的人去了成都，现在还有 102 人留守在长沙。"

问：这个剧团现在有多少个演员？

155. 运送物资

解放军在前线抗美援朝，后方志愿者通过卡车往前线运送物资。已知装了物资的卡车每天只能行进 120 千米，不装物资的空车每天可以走 200 千米。

问：如果 6 天往返 4 次，那么两地相距多少千米？

156. 动物园

明明和红红周末逛动物园，在一个大笼子里关了鸵鸟和斑马。看了一会儿，明明说："我一共看到了 24 个脑袋。"红红说："笼子里一共有 68 条腿。"

问：你知道鸵鸟和斑马各有多少吗？

157. 领文具

有个人拿着一筐文具往办公室走，另一个公司的人看到了，就问他："你们公司到底多少人啊,需要这么多文具?"他说:"每个人一支笔,每两个人一瓶胶水,每三个人一个订书机,每四个人一把尺子,我一共拿了 120 件文具,还差 5 把尺子。"

问:他们公司有多少人?

158. 保持平衡

仔细观察下面的滑轮,每个相同形状的物体的重量都是相同的,前三个滑轮系统都是平衡状态。

问:第四个滑轮系统要用多重的物体才能使其保持平衡?

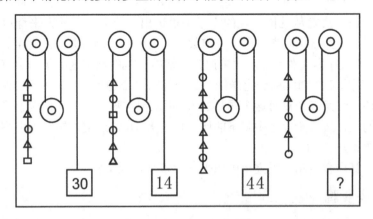

159. 抢糖果

爸爸出差给孩子带回来一包糖果,一共有 100 颗,爸爸让两个孩子从这堆糖果中轮流拿糖,谁能拿到最后一颗糖果谁为胜利者,爸爸会奖励一个神秘的礼物。当然拿糖是有一定条件的:每个人每次拿的糖至少要有 1 个,但最多不能超过 5 个。

问:如果你是弟弟,你先拿,你该拿几个?以后怎么拿就能保证你得到最后一个糖果?

160. 有趣的字母

有一个等式,如下:

ABCD×9=DCBA(相同字母代表相同的数字)

问:DCBA−ABCD=?

161. 贪心的渔夫

有一个渔夫得到了捕鱼的秘技,每天打的鱼都是前一天的 3 倍。结果等到第五天的时候,教他秘技的人说:"我告诉你每天不能超过 10 条鱼,你现在五天已经打了 1089 条了。你以后一条鱼也打不到了。"渔夫郁闷地说:"我听您说是:第一天不能超过 10 条鱼。"

问:他这几天,每天打了几条鱼?

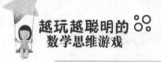

162. 奖金

有一个公司,月底的时候给销售人员发放奖金。公司规定:销售业绩第一名的员工可以得到公司本月提供奖金的一半加 100 元;第二名得到剩下奖金总额的一半加 200 元;第三名得到剩下奖金总额的一半加 300 元;第四名得到再剩下奖金的一半加 400 元;第五名得到最后仅剩的 100 元。

问:公司提供的奖金总额是多少?

163. 国王的数学题

有位老国王决定从几位年轻的王子中挑选出一位最聪明的人来继承王位。一天,他把王子们都召集起来,出了一道数学题考他们。题目是:我有金、银两个宝箱,箱内分别装了若干件珠宝。如果把金宝箱中 25% 的珠宝送给第一个算对这个题目的人,把银宝箱中 20% 的珠宝送给第二个算对这个题目的人,然后我再从金宝箱中拿出 5 件送给第三个算对这个题目的人,再从银宝箱中拿出 4 件送给第四个算对这个题目的人,最后金宝箱中剩下的比分掉的多 10 件珠宝,银宝箱中剩下的与分掉的珠宝的比是 2∶1。

问:请算出金宝箱、银宝箱中原来各有多少件珠宝?

164. 农夫买鸡

从前有个农夫想要办一个养鸡场,需要买 100 只鸡。已知公鸡每只 5 元,母鸡每只 3 元,小鸡 3 只 1 元。现在农夫手中只有 100 元资金。

问:可以买公鸡、母鸡、小鸡各多少只?(钱要正好花完)

165. 各卖了多少苹果

两个商贩共进了 1000 斤苹果进行批发,一个进得多,一个进得少,但是卖光后卖了同样的钱。一个商贩对另一个商贩说:"如果我有你那么多的苹果,我能卖到 4900 元。"另一个商贩说:"如果我有你那么多的苹果,只能卖到 900 元。"

问:你知道两人各卖了多少苹果吗?

166. 有多少士兵

空降兵深入敌后,有一小波军队聚集在了一起,长官问一个下士,现在还有多少士兵。下士回答道:"如果我们再失去 100 名士兵,我们的食物还够吃 5 天;如果我们再失去 200 名士兵,那食物还够吃 6 天。"

问:他们现在一共有多少名士兵?

167. 平均速度

某人步行了 5 小时,先沿着平路走,然后上山,最后又沿原路走回出发地。假如他在平路上每小时走 4 千米，上山每小时走 3 千米，下山每小时走 6 千米。

问：他 5 小时共走了多少千米？

168. 多少零件

一家工厂 4 名工人每天工作 4 个小时，每 4 天可以生产 4 个零件，那么 8 名工人每天工作 8 个小时，8 天能生产多少个零件？

169. 买衣服

六名同学一起去商店买衣服，其中有两名男同学，四名女同学。他们各自购买了若干件衣服。购买情况如下：

(1) 每件衣服的价格都以分为最小单位；

(2) 甲购买了 1 件，乙购买了 2 件，丙购买了 3 件，丁购买了 4 件，戊购买了 5 件，而己购买了 6 件；

(3) 两个男生购买的衣服，每件的单价都相同；

(4) 其他四名女同学购买的衣服，每件的单价都是男生所购衣服单价的 2 倍；

(5) 这六人总共花了 1000 元。

问：这六人中哪两人是男生？

170. 堆高台

堆一层的高台需要 1 块儿大石头，堆两层的高台需要 5 块儿大石头，堆三层的高台需要 14 块儿大石头，堆四层的高台需要 30 块儿大石头。

问：如果堆一个九层的高台需要多少块儿大石头？

171. 导师的诡计

一个博士生导师带了 8 名博士生，他每天中午都和这 8 名学生一起吃中午饭。有一天一个学生说："老师，您什么时候可以让我们不写论文就得到博士学位？"导师说："这很简单，要不这样吧，我们定个日子：只要你们每人每天都换一下位子，直到你们 8 个人的排列次序重复的时候为止。那一天之后，只要你们 8 个人中的谁还是我的学生，那谁不用写论文我就给谁博士学位。"

问：要过多久，这 8 名学生才能不写论文就得到博士学位？

172. 投资问题

甲、乙两人合伙做生意，甲投入的资本是乙的 1.5 倍。这时丙也要入伙，他拿出了 250 万元钱来投资，这时，甲、乙、丙想让他们三个人占有的股份都相等，所以决定将这 250 万元由甲、乙两人瓜分。

问：他们该如何分这笔钱？

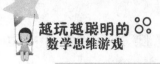

173. 公共汽车

一个人沿着街走，每 2 分钟迎面开来 1 辆公共汽车，每 8 分钟身后开来 1 辆公共汽车。

问：该公共汽车几分钟 1 趟车？

174. 夫妻吃猪肉

夫妻二人都喜欢吃猪肉，但是丈夫在有瘦肉的时候只吃瘦肉，而他老婆在有肥肉的时候只吃肥肉。如果两个人一起吃，60 天可以吃光一桶肥肉；如果让丈夫自己吃，他能吃 30 个星期。如果两个人一起吃，8 个星期可以吃光一桶瘦肉；如果让老婆自己吃，她能吃 40 个星期。

问：他们夫妻两人一起吃，把一桶一半是瘦肉、一半是肥肉的混合猪肉吃光，要花费多少时间？

175. 冰雹数列

随便想一个数。如果它是奇数，则把它乘以 3 再加 1；如果它是偶数，则把它除以 2。对每一个新产生的数都运用这个规则。你知道会发生什么情况吗？

让我们从 1 开始，你将得到：1、4、2、1、4、2、1、4、2、…；

从 2 开始，你将得到：2、1、4、2、1、4、2、1、4、…；

从 3 开始，你将得到：3、10、5、16、8、4、2、1、4、2、1、…。

很快你就会发现上述数列最终都会以 1、4、2 循环下去。但是不是从任何一个数开始都会有这种性质？你可以用 7 试试。

176. 轮胎

滕先生买了辆车，除了随车的备胎外，4S 店还多赠送了 1 个轮胎，就是说他一共有 6 个轮胎。为了让这 6 个轮胎的磨损程度相同，他轮流使用这 6 个轮胎。

问：你知道在车跑了 12000 千米的时候，每个轮胎行驶了多少千米吗？

177. 辛苦的服务员

一个服务员正在给餐厅里的 51 位客人上菜，有胡萝卜、豌豆和花菜。要胡萝卜和豌豆的人比只要豌豆的人多 2 位，只要豌豆的人是只要花菜的人的 2 倍。有 25 位客人不要花菜，18 位客人不要胡萝卜，13 位客人不要豌豆，6 位客人要花菜和豌豆而不要胡萝卜。

问：(1) 多少客人三种菜都要？

(2) 多少客人只要花菜？

(3) 多少客人只要其中两种菜？

(4) 多少客人只要胡萝卜？

(5) 多少客人只要豌豆？

178. 动物赛跑

小兔子的跑步速度是 5 米/秒，小鹿的跑步速度是 6 米/秒。现在两个小动物比赛跑 1000 米。

问：小鹿要退后几米，它们才能同时到达终点？

179. 破产分钱

一个投资公司破产了，在清理完账目后，30 个股东分剩下的钱，第一个股东分总数的一半加五毛，第二个股东分剩下的一半加五毛，第三个股东分剩下的一半加五毛，以此类推，直到最后一个股东分完，一分钱没剩，也没有人得到毛票，都分到了整数的钱。

问：公司最后剩多少钱？每个人各分了多少钱？

180. 计算损失

一个卖衣服的商人，某件衣服的进价是 60 元，售价为 80 元，购买者讲价后，他同意以 9 折的价格卖出。后来发现购买者支付的那张 100 元是假钞。商人大悲。现在请你帮那个倒霉的商人算算，他在这件衣服上共损失多少钱。

181. 逃脱的案犯

黑猫警长有一个强劲的对手"飞毛腿"，这只老鼠奔跑的速度十分惊人，比黑猫警长还要快，几次都让它逃脱了。一次偶然的机会，警长发现"飞毛腿"在湖里划船游玩，这可是一个很好的机会。这个圆形小湖半径为 R，"飞毛腿"划船的速度只有黑猫警长在岸上速度的 1/4。警长沿着岸边奔跑，想抓住要划船上岸的"飞毛腿"。

问：这次"飞毛腿"还能不能侥幸逃脱？

182. 对了多少题

一次奥数比赛有 20 道题，做对 1 道加 5 分，做错 1 道倒扣 3 分。婧婧这次没考及格，不过她发现，只要她少错 1 道就正好及格。

问：你知道她做对了多少道题吗？

183. 海盗分椰子

一艘海盗船被天上砸下来的一块石头击中了，5 个倒霉的家伙只好逃难到一个孤岛，发现岛上空荡荡的，只有一棵椰子树和一只猴子。

大家把椰子全部采摘下来放在一起，但是天已经很晚了，所以大家就决定先去睡觉。

晚上某个家伙起床悄悄地将椰子分成 5 份，结果发现多一个椰子，就顺手给了那只猴子，然后悄悄地藏了一份，把剩下的椰子混在一起放回原处后，悄悄地回去

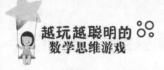

睡觉了。

过了会儿，另一个家伙也起床悄悄地将剩下的椰子分成 5 份，结果发现多一个椰子，顺手就给了幸运的猴子，然后悄悄地藏了一份，把剩下的椰子混在一起放回原处后，悄悄地回去睡觉了。

又过了一会儿……

又过了一会儿……

总之，5 个家伙都起床过，都做了一样的事情。

早上大家起床后，各自心怀鬼胎地分椰子，这个猴子还真不是一般的幸运，因为这次把椰子分成 5 份后居然还是多一个椰子，只好又给它了。

问题来了，这堆椰子最少有多少个？

184. 在风中飞行的飞机

一架飞机从 A 地沿直线飞往 B 地，然后从 B 地沿原航线返回 A 地。飞行途中，没有风，且飞机的发动机速度保持不变。现在的问题是：如果其他的条件保持不变，只是在全航程中从 A 地刮向 B 地有一定量的不变风速。

问：这架飞机往返航程所需的时间和原来无风时相比，是会更多、更少还是保持不变？

185. 大牧场主的遗嘱

有个牧场主要把自己的产业分给他的儿子们，于是召集他们宣读遗嘱。

他对大儿子说："儿子，你认为你能够养多少头牛，你就拿走多少；你的妻子可以取走剩下牛的 1/9。"

他又对二儿子说："你可以拿走比大哥多一头牛，因为他有了先挑的机会；至于你的妻子，可以获得剩下牛的 1/9。"

然后对其余的儿子说了类似的话，每人拿到比他大一点的哥哥的牛数多一头，而他们的妻子则都获得剩下牛的 1/9。

当最小的儿子拿完牛之后，牛一头也没有了。

于是牧场主又说："马的价值是牛的 2 倍，剩下的 7 匹马的分配要使每个家庭得到同样价值的牲口。"

问：大牧场主共有多少头牛？他有几个儿子？

186. 放球问题

把 9 个相同的小球放入编号分别为 1、2、3 的三个箱子中，要求每个箱子放球的个数不小于其编号数。

问：有多少种放球的方法？

187. 两支蜡烛

房间里的电灯突然熄灭了：停电了。我的作业还没有写完，于是我点燃了书桌里备用的两支新蜡烛，在蜡烛光照下继续写作业，直到电又来了。

第二天，我想知道昨晚停了多长时间电。但是当时我没有注意停电和来电时的具体时间，而且我也不知道蜡烛的原始长度。我只记得那两支蜡烛是一样长的，但粗细不同，其中粗的一支燃尽需要 5 个小时，细的一支燃尽需要 4 个小时。两支蜡烛是一起点燃的，剩下的残烛都很小了，其中一支残烛的长度等于另一支残烛的 4 倍。

请你根据上述资料，算出昨天停电的时间有多长。

188. 小到看不出来

在月亮的某一处穿过月心的地方是一个正圆形。科学家想通过这个正圆给月亮套一个铁环用来发电，供给地球电力。圆环在地球做好，并且要求不能在月亮上留一点空隙。结果在制作的时候，铁环被多做了 2 米。这样套在月亮上的时候，肯定会有痕迹。但是工程负责人却说："两米相对于月球的周长来说太少了，放在月亮上即使有空隙也是完全看不到的。"真的是这样吗？

189. 少卖了2元钱

李大妈在早市卖花，她每天卖黄玫瑰、红玫瑰、蓝玫瑰各 24 朵，其中每 2 朵黄玫瑰 1 元，每 3 朵红玫瑰 1 元，每 4 朵蓝玫瑰 1 元。有一天，一位路人告诉她如果把三种玫瑰混在一起卖，每 9 朵卖 3 元，这样让客人自己搭配能卖得快一些。第二天，李大妈就尝试着这样做，最后玫瑰花卖完了，却只卖了 24 元，比平时少卖了 2 元。

问：这 2 元钱哪里去了？

190. 正确时间

在早晨列队检查时，警长问身边的秘书现在几点了。精通数学的秘书回答道："从午夜到现在这段时间的 1/4 加上从现在到午夜这段时间的一半，就是现在的确切时间。"

问：你能算出这段对话发生的时间吗？

191. 简单的考试

一次考试非常简单，只有两道题，全班共有 50 个人参加考试，其中做对第一题的有 40 个人，做对第二题的有 31 个人，两道题目都做错的有 4 个人。

问：有多少人两道题都做对？多少人只做对了第一题？多少人只做对了第二题？

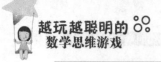

192. 猎人打狼

有五个猎人一起去打狼。在晚上整理猎物的时候，发现：A 与 B 共打了 14 头狼，B 与 C 共打了 20 头狼，C 与 D 共打了 18 头狼，D 与 E 共打了 12 头狼。而且，A 和 E 打的狼的数量一样多。然后，C 先把他的狼和 B、D 的狼放在一起平分为三份，各取其一。然后，其他的人也这么做。D 同 C、E 联合，E 同 D、A 联合，A 同 E、B 联合，B 同 A、C 联合。这样分下来，每个人获得的狼的个数一样多，并且在分的过程中没有出现把狼分割成块的现象。

问：你能算出每个人各打了多少头狼吗？

193. 组成 100

从下面几个数中挑出若干个，使其相加等于 100。

问：你能找出选用数字最少的方法吗(每个数字只能用一次)？

2、5、8、17、29、37、46、67、88

194. 数数字

一天，才上幼儿园的小明在数数，他是按从小到大的顺序数的。妈妈从他数到某个数字开始计算，一直计算了连续的 9 个自然数，得到的和为 54。

问：妈妈是从哪个数字开始计算的？

195. 撒谎的贼首

一个财主的金库被一伙盗贼洗劫，丢失了 200 枚金币，财主告了官。不久，一个贼首来到官府自首说，盗窃行为是自己的 21 名手下做的，与自己无关，但是作为首领也有责任。所以他公布了 21 名参与盗窃手下的名字，并指出，这 21 名盗贼每人分得一定数量的金币，最少 1 枚，最多 11 枚，而且每个人分得的金币数都是奇数。听到这里，县官就抓住了贼首，说："你在撒谎，盗窃一定与你有关！"

问：县官是怎么知道贼首撒谎的？

196. 灯泡组合

一户人家装修，共买了两种灯：一种是中间一个大灯，旁边三个小灯的三星映月灯；一种是中间一个大灯，旁边 6 个小灯的六星拱月灯。装修完毕后发现，两种灯共用掉大灯泡 16 只，小灯泡 66 只。

问：你知道他家一共有多少个三星映月灯，多少个六星拱月灯吗？

197. 促销

一家服装店促销一个牌子的衣服，原价为 300 元，第一次促销时，价格为 240 元；第二次促销时为 192 元；第三次促销时为 153.6 元。

如果你仔细观察会发现，三次促销是按照同一个规律定的价格。

问：你知道是什么规律吗？

198. 两个四位数

在下面的一长串数字中，找出两个连续的四位数，而且这两个数的和为 7243，你知道这两个四位数分别是什么吗？

15646625817380

199. 几个苹果

小明有一些苹果。他吃了一个，然后把剩下的一半分给了弟弟。接着他又吃了一个，然后把剩下的一半分给了妹妹。这时他还有 5 个苹果。

问：他开始的时候有几个苹果？

200. 密码

一个人在银行开立了一个账号，需要设定一个密码。密码为四位，前两位是字母，需要从 26 个英文字母中选择；后两位是数字，需要从 0~9 这十个数字中选择。

问：他的密码有多少种可能性？

201. 数字时钟

大家都知道，数字时钟是由三个数字来表示时分秒的。一般用 hh：mm：ss 表示。

问：从中午 12 点到深夜 23 点 59 分 59 秒这段时间内，时分秒三个数字相同的情况会出现几次？分别是什么时候？

202. 五位数

有一个五位数，在这个数的前面添上 1，就变成了一个六位数。在这个五位数的后面添上 1，也会变成一个六位数。第二个六位数是第一个六位数的 3 倍。

问：你能求出这个五位数是多少吗？

203. 奇怪的三位数

有一个奇怪的三位数，减去 9 正好可以被 9 整除，减去 8 正好可以被 8 整除，减去 7 正好可以被 7 整除。

问：你知道这个三位数是多少吗？

204. 分苹果

把一箱苹果平均分给 6 个人，剩下 5 个。

问：如果把四箱这样的苹果分给 6 个人，会剩下几个？

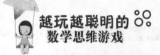

205. 和减差

随便想两个大小不同的数字,分别计算出它们的和与它们的差,然后用这个和减去这个差,所得的结果有一个很简单的规律。

问:你知道是什么吗?

206. 四位数

有一个四位数,它正好等于构成它的四个数字之和的四次方。

问:你知道这个数是多少吗?

207. 图书印刷

以前图书排版的时候是用铅字的,一个字或者一个数字都需要用一个铅字,比如数字18需要用到"1""8"两个铅字,256需要"2""5""6"三个铅字。现在在排版一本书的时候,光页码就用了660个。

问:你知道这本书一共有多少页吗?

第五章

经典古题

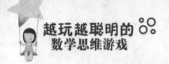

208. 运米问题

《九章算术》是我国最古老的数学著作之一,全书共分九章,有 246 个题目。其中一道是这样的:一个人用车装米,从甲地运往乙地,装米的车日行 25 千米,不装米的空车日行 35 千米,5 日往返三次。

问:二地相距多少千米?

209. 鸡兔同笼

今有鸡兔同笼,上有 35 个头,下有 94 只脚。

问:鸡兔各几只?

210. 洗碗问题

我国古代《孙子算经》中有一道著名的"河上荡杯"(注:荡杯即洗碗)题。题目大意是:一位农妇在河边洗碗。邻居问:"你家里来了多少客人,要用这么多碗?"她答道:"客人每两位合用一只饭碗,每三位合用一只汤碗,每四位合用一只菜碗,一共洗了 65 只碗。"

问:她家里究竟来了多少位客人?

211. 三女归家

今有三女,长女五日一归,中女四日一归,少女三日一归。问:三女何日相会?

这道题也是我国古代名著《孙子算经》中为计算最小公倍数而设计的题目。意思是:一家有三个女儿都已出嫁。大女儿五天回一次娘家,二女儿四天回一次娘家,小女儿三天回一次娘家。

问:三个女儿从娘家同一天走后,至少再隔多少天三人可以再次在娘家相会?

212. 有女善织

有一位善于织布的妇女,每天织的布都比前一天翻一番。五天共织了 62 尺布。

问:她这五天各织布多少尺?

213. 利息问题

今有人举取他绢,重作券,要过限一日息绢一尺,二日息二尺,如是息绢日多一尺。今过限一百日。问:息绢几何?

意思是说:一个债主拿借方的绢作为抵押品,债务过期 1 天要纳 1 尺绢作为利息,过 2 天利息是 2 尺,这样,每天利息增多 1 尺。

问:如果过期 100 天,共需要缴纳利息多少尺绢?

214. 良马与驽马

今有良马与驽马发长安至齐。齐去长安三千里。良马初日行一百九十三里,日增十三里；驽马初日行九十七里，日减半里。良马先至齐，复还迎驽马。

问：几何日相逢及各行几何？

意思是说：有好马和劣马同时从长安出发去齐。齐离长安 3000 里。好马第一天走 193 里，以后每天比前一天增加 13 里；劣马第一天走 97 里，以后每天比前一天减少半里。好马先到达齐，马上回头去迎接劣马。

问：一共走了多少天两马才能相遇？这时两马各走了多少里？

215. 黑蛇进洞

一条长 80 安古拉(古印度长度单位)的大黑蛇，以 5/14 天爬 15/2 安古拉的速度进一个洞，而蛇尾每 1/4 天却要长 11/4 安古拉。

问：黑蛇需要几天才能完全爬进洞？

216. 三女刺绣

今有三女各刺文一方，长女七日刺讫，中女八日半刺讫，小女九日太半刺讫。今令三女共刺一方，问：几何日刺讫？

意思是说：有三个女子各绣一块花样，大女儿用了 7 天时间绣完，二女儿用了 8.5 天绣完，小女儿用了 $9\frac{2}{3}$ 天绣完。

问：现在三个女子一起来绣这块花样，得用多少天时间绣完？

217. 紫草染绢

今有绢一匹买紫草三十斤，染绢二丈五尺。今有绢七匹，欲减买紫草，还自染余绢。

问：减绢、买紫草各几何？

意思是说：用 1 匹绢能换紫草 30 斤，这 30 斤紫草能染 25 尺绢。现在有 7 匹绢，准备用其中一部分去换紫草染剩下的绢。

问：要拿多少绢去换紫草？换多少斤紫草？

按古法：1 匹等于 4 丈，1 丈等于 10 尺。

218. 耗子穿墙

两只老鼠想见面，可是隔着一堵墙，于是它们齐声喊道："咱们一起打洞吧！"于是，它们找了一处对着的地方打起洞来。这两只老鼠一大一小，头一天各打进墙内一尺。大鼠越干越有劲，以后每天的进尺都比前一天多一倍；小鼠越干越累，以后每天的进尺都是前一天的一半。现在知道墙壁厚五尺，

问：几天后它们才能会面？大小老鼠各打穿了几尺？

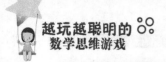

219. 数不知总

今有数不知总，以五累减之无剩，以七百十五累减之剩十，以二百四十七累减之剩一百四十，以三百九十一累减之剩二百四十五，以一百八十七累减之剩一百零九。

问：总数若干？

意思是说：现在有一个数，不知道是多少。用5除可以除尽；用715除，余数是10；用247除，余数是140；用391除，余数是245；用187除，余数是109。

问：这个数是多少？

220. 余米推数

有米铺诉被盗，去米一般三箩，皆适满，不记细数。今左壁箩剩一合，中间箩剩一升四合，右壁箩剩一合。后获贼，系甲、乙、丙三人，甲称当夜摸得马勺，在左壁箩满舀入布袋；乙称踢得木履，在中箩舀入袋；丙称摸得漆碗，在右壁箩舀入袋，将归食用，日久不知数。索到三器，马勺满容一升九合，木履容一升七合，漆碗容一升二合。欲知所失米数，计赃结断，三盗各几何。

意思是说：一天夜里，某粮店遭窃，店里的3箩米所剩无几。官府派员勘查现场发现，3个同样大小的箩，第一个剩1合米，第2个剩14合米，第3个剩1合米。当问及店老板丢失多少米时，回答说，只记得原来3箩米是一样多的，具体丢多少不清楚。后来抓到了三名盗贼，他们供认：甲用马勺从第一箩里掏米，乙用木履从第二箩里掏米，丙用大碗从第三箩里掏米，每次都掏满。经测量，马勺容量为19合，木履容量为17合，大碗容量为12合。

问：三名盗贼各偷走了多少米？(合是一种传统米容器，10合为1升，10升为1斗，10斗为1石)

221. 五家共井

今有五家共井，甲二绠不足，如乙一绠；乙三绠不足，如丙一绠；丙四绠不足，如丁一绠；丁五绠不足，如戊一绠；戊六绠不足，如甲一绠。如各得所不足一绠，皆逮。

问：井深、绠长各几何？

意思是说：现在有五家共用一口井，甲、乙、丙、丁、戊五家各有一条绳子汲水(下面用文字表示每一家的绳子)：甲×2＋乙＝井深，乙×3＋丙＝井深，丙×4＋丁＝井深，丁×5＋戊＝井深，戊×6＋甲＝井深，求甲、乙、丙、丁、戊各家绳子的长度和井深。

222. 余数问题

二数余一，五数余二，七数余三，九数余四，问本数。

意思是说：一个数，用 2 除余 1，用 5 除余 2，用 7 除余 3，用 9 除余 4，
问：这个数最小是几？
注：本数即为最小值。

223. 汉诺塔问题

古印度有个传说：神庙里有三根金刚石棒，第一根上面套着 64 个圆金片，自下而上、从大到小摆放。有人预言，如果把第一根石棒上的金片全部搬到第三根上，世界末日就来了。当然，搬动这些金片是有一定规则的，可以借用中间的一根棒，但每次只能搬动一个金片，且大的金片不能放在小的金片上面。为了不让世界末日到来，神庙众高僧日夜守护，不让其他人靠近。这时候，一个数学家路过此地，看到这样的情景，笑了。
问：他为什么笑？

224. 铜币问题

12 世纪时，印度数学家婆什迦罗也曾编了一道数学题：
某人对一个朋友说："如果你给我 100 枚铜币，我将比你富有 2 倍。"朋友回答说："你只要给我 10 枚铜币，我就比你富有 6 倍。"
问：这两人各有多少铜币？

225. 七猫问题

在七间房子里，每间都养着七只猫；在这七只猫中，不论哪只，都能捕到七只老鼠；而这七只老鼠，每只都要吃掉七个麦穗；如果每个麦穗都能剥下七颗麦粒。
问：房子、猫、老鼠、麦穗、麦粒，都加在一起总共应该有多少？

226. 木长几何

今有木，不知其数，引绳度之，余绳四尺五寸；屈绳量之，不足一尺。
问：木长几何？
意思是说：用一根绳子去量一根长木，绳子还剩余 4.5 尺，将绳子对折后再量长木，长木多出 1 尺。
问：长木有多长？

227. 相遇问题

今有甲，发长安，五日至齐；乙发齐，七日至长安。今乙发已先二日，甲乃发长安。
问：几何日相逢？
大意是：甲从长安出发，需五天时间到达齐；乙从齐出发，需七天时间到达长安。现在乙从齐出发两天后，甲才从长安出发。
问：几天后两人相遇？

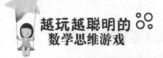

228. 关税问题

今有人持金出五关,前关二而税一,次关三而税一,次关四而税一,次关五而税一,次关六而税一。并五关所税,适重一斤。

问:本持金几何?

意思是说:某人拿金子过五个关口,第一关收税 1/2,第二关收税 1/3,第三、第四、第五关分别收税 1/4、1/5、1/6。五关一共被收税的金子重量正好一斤。

问:他原来拿了多少金子?

229. 韩信点兵(1)

我国汉代有一位大将,名叫韩信。韩信率军出征,他想知道一共带了多少士兵,于是命令士兵每 10 人一排排好,排到最后发现缺 1 人。

他认为这样不吉利,就改为每 9 人一排,可最后一排又缺了 1 人;

改成 8 人一排,最后一排仍缺 1 人;

7 人一排,缺 1 人;

6 人一排,缺 1 人;

5 人一排,缺 1 人;

4 人一排,缺 1 人;

3 人一排,缺 1 人;

直到 2 人一排还是缺一人。

韩信仰天长叹,难道这场仗注定要以失败告终吗!

问:你能算出韩信至少带了多少士兵吗?

230. 韩信点兵(2)

据说韩信每次集合部队,都要求部下报三次数,第一次按 1~3 报数,第二次按 1~5 报数,第三次按 1~7 报数,每次报数后都要求最后一个人报告他报的数是几,这样韩信就知道一共到了多少人。

问:你知道他是如何做到的吗?

231. 兔子问题

13 世纪时,意大利数学家伦纳德提出下面一道有趣的问题:如果每对大兔每月生一对小兔,而每对小兔生长一个月就能成为大兔,并且所有的兔子全部存活。

问:有人养了初生的一对小兔,一年后共有多少对兔子?

232. 托尔斯泰的割草问题

俄国伟大的作家托尔斯泰曾出过这样一道题:一组割草人要把两块草地上的草割完。大的一块草地的面积是小的一块面积的 2 倍,上午全部人都在大的一块草地上割草。下午一半人仍留在大草地上,到傍晚时把大草地的草割完。另一半人去割小草地的草,到傍晚还剩下一部分,这一部分由 1 个割草人再用一天时间刚好割完。

问:这组割草人共多少人(假设每个割草人的割草速度都相同)?

233. 柯克曼女生散步问题

这个女生散步问题是由英国数学家柯克曼(1806—1895)于 1850 年提出来的。具体问题表述如下:

一个学校有 15 名女生,她们每天要做三人行的散步,要使每个女生在一周内的每天做三人行散步,与其他同学在组成三人小组同行时,彼此只有一次相遇在同一小组内,应怎样安排?

234. 阿基米德分牛问题

太阳神有一牛群,由白、黑、花、棕四种颜色的公、母牛组成,在公牛中,白牛数多于棕牛数,多出之数相当于黑牛数的 1/2;黑牛数多于棕牛数,多出之数相当于花牛数的 1/3;花牛数多于棕牛数,多出之数相当于白牛数的 1/4。

在母牛中,白牛数是全体黑牛(包括公牛)数的 1/3,黑牛数是全体花牛数的 1/4,花牛数是全体棕牛数的 1/5,棕牛数是全体白牛数的 1/6。

问:这群牛最少有多少头,是怎样组成的?

235. 三十六军官问题

大数学家欧拉曾提出这样一个问题,即:从不同的 6 个军团中各选 6 种不同军阶的 6 名军官共 36 人,排成一个 6 行 6 列的方队,使各行各列的 6 名军官恰好来自不同的军团而且军阶各不相同。

问:应如何排这个方队?

236. 泊松分酒问题

法国数学家泊松在少年时被一道数学题深深地吸引住了,从此便迷上了数学。这道题是:某人有 8 升酒,想把一半赠给别人,但没有 4 升的容器,只有一个 3 升和一个 5 升的容器。

问:利用这两个容器,怎样才能用最少的次数把这 8 升酒分成相等的两份?

237. 牛顿牛吃草问题

英国大数学家牛顿曾编过这样一道数学题:牧场上有一片青草,每天都生长得一样快。这片青草供给 10 头牛吃,可以吃 22 天;或者供给 16 头牛吃,可以吃 10 天。

问:如果供给 25 头牛吃,可以吃几天?

238. 欧拉遗产问题

欧拉遗产问题是大数学家欧拉的数学名著《代数基础》中的一个问题。题目是

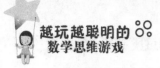

这样的:

一位父亲,临终时嘱咐他的儿子们这样来分配他的财产:第一个儿子分得 100 克朗和剩下财产的 1/10,第二个儿子分得 200 克朗和剩下财产的 1/10,第三个儿子分得 300 克朗和剩下财产的 1/10,第四个儿子分得 400 克朗和剩下财产的 1/10……按这种方法一直分下去,最后,每一个儿子所得财产一样多。

问:这位父亲共有几个儿子?每个儿子分得多少财产?这位父亲共留下多少财产?

239. 布哈斯卡尔的蜜蜂问题

这是古印度的数学谜题,因诗人郎费罗的介绍而广为流传。下面我们用汉语来将大意叙述一下:公园里有甲、乙两种花,有一群蜜蜂飞来。1/5 落在菜花上,1/3 落在莲花上,如果还有落在这两种花上的两小群蜜蜂数量之差的 3 倍去采蜜,那么剩下的最后 1 只绕着樱花上下飞。

问:这群蜜蜂的总数是多少?

240. 马塔尼茨基的短衣问题

有一个雇主约定每年给工人 12 元钱和一件短衣,工人做工到 7 个月想要离去,雇主按比例给了他 5 元钱和一件短衣。

问:这件短衣价值多少钱?

241. 涡卡诺夫斯基的领导问题

有人问船长,在他的领导下有多少人。他回答说:"2/5 的人去站岗,2/7 的人在吃饭,1/4 的人在病院,剩下 27 人现在在船上。"

问:在他的领导下共有多少人?

242. 埃及金字塔的高度

世界闻名的金字塔是古代埃及国王们的坟墓。这些建筑雄伟高大,形状像个"金"字,故而称为金字塔。它的底面是个正方形,塔身的四面是倾斜着的等腰三角形。两千六百多年前,埃及有位国王,请来一位名叫法列士的学者测量金字塔的高度。

问:按照当时的条件,你知道该怎么计算吗?

243. 古罗马人遗嘱问题

传说,有一个古罗马人在他临死时给怀孕的妻子写了一份遗嘱:生下来的如果是儿子,就把遗产的 2/3 给儿子,母亲拿 1/3;生下来的如果是女儿,就把遗产的 1/3 给女儿,母亲拿 2/3。

问:结果这位妻子生了一男一女,该怎样分配,才能接近遗嘱的要求?

244. 苏步青跑狗问题

我国著名数学家苏步青教授有一次在德国访问,一位有名的德国数学家在电车上给他出了一道题:"甲、乙两人相向而行,距离为50千米。甲每小时走3千米,乙每小时走2千米,甲带一只狗,狗每小时跑5千米,狗跑得比人快,同甲一起出发,碰到乙后又往甲方向走,碰到甲后又往乙方向走。这样继续下去,直到甲、乙两人相遇时,这只狗一共跑了多少千米?"(假设狗的速度恒定,且不计转弯的时间)

245. 哥德巴赫猜想

哥德巴赫是二百多年前德国的数学家。他发现一个规律:

每一个大于或等于6的偶数,都可以写成两个素数的和(简称"1+1")。如:10=3+7,16=5+11。他检验了很多偶数,都表明这个结论是正确的。但他无法从理论上证明这个结论是对的。1748年他写信给当时很有名望的大数学家欧拉,请他指导。欧拉回信说,他相信这个结论是正确的,但也无法证明。因为没有从理论上得到证明,所以这个问题只是一种猜想,我们就把哥德巴赫提出的这个问题称为"哥德巴赫猜想"。

世界上许多数学家为证明这个猜想做出了很大的努力,他们由"1+4"→"1+3"到1966年我国数学家陈景润证明了"1+2"。也就是任何一个充分大的偶数,都可表示成两个数的和,其中一个是素数,另一个或者是素数,或者是两个素数的积。

问:你能把下面各偶数写成两个素数的和吗?

(1) 100＝

(2) 50＝

(3) 20＝

246. 贝韦克的七个7

20世纪初,英国数学家贝韦克发现了一个特殊的除式问题,请你把这个特殊的除式填完整。

```
                    xx7xx
        xxxx7x ) xx7xxxxxxx
                 xxxxxx
                 xxxxx7x
                 xxxxxxx
                  x7xxxx
                  x7xxxx
                  xxxxxxx
                  xxxx7xx
                   xxxxxx
                   xxxxxx
                        0
```

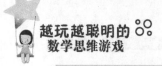

247. 圆木问题

今有圆材，埋在壁中，不知大小。以锯锯之，深一寸，锯道长一尺。

问：径几何？

意思是说：有一根圆木被埋在了墙里，不知它有多粗。用锯锯1寸深，锯道长1尺。

问：这个圆木的直径是多少？

248. 筑堤问题

今有官司差夫一千八百六十四人筑堤，只云初日差六十四人，次日转多七人。每人日支米三升，共支米四百三十石九斗二升。

问：筑堤几日？

意思是说：官府派遣民夫1864人去修堤，第一天派64人，以后每天增加7人。每人每天发3升米，共发了430石9斗2升米。

问：共修堤几天？(注：用总人数算出天数，再用总米数算出天数，互相对照)

249. 造仰观台

假令太史造仰观台，上广袤少，下广袤多。上下广差二丈，上下袤差四丈，上广袤差三丈，高多上广一十一丈。甲县差一千四百一十八人，乙县差三千二百二十二人，夏程人功常积七十五尺，限五日役台毕……

问：台广、高、袤各几何？

意思是说：假设太史官要建造一座梯形的观象台，下底的宽、长都大于上底的宽、长。上、下宽差2丈，上、下长差4丈，上底的长与宽差3丈，高比上底宽多11丈。甲县派1418人，乙县派3222人参加建台，夏季施工，每人每日能筑75立方尺，限5日完成。求台的宽、高、长各是多少。[注：梯形台体积公式为 $V=(2ab+2cd+ac+bd)h/6$（a、b 为上底长与宽，c、d 为下底长与宽）]

250. 圆城问题(1)

假令有圆城一所，不知周径。四面开门，门外纵横各有十字大道。其西北十字道头定为乾地。或问乙出(圆城)南门，东行七十二步而止，甲从乾隅南行六百步望乙，与城参相直。城径几何步？

意思是说：有一个圆城，不知道大小。城的四面各开一门，门外纵横有几条十字大道。将西北两条大道的交点 A 处定为乾地。乙从圆城的南门出去，即往东走，走72步时站住；甲从乾地往南走600步，看到乙时视线正好贴着城边。

问：这个圆城的直径是多少步？

如图所示：

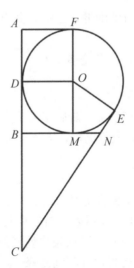

251. 圆城问题(2)

或问城(圆城)南有槐树一株，城东有柳树一株。甲出北门东行，丙出西门南行，甲、丙、槐、柳悉与城参相直。既而丙就柳行五百四十四步，至柳树下；甲就槐行四百二十五步，至槐树下。城径几何步？

意思是说：圆城的南门外有一株槐树 A，东门外有一株柳树 B。甲从北门出来往东走，丙从西门出来往南走，当他们走了一段路站住时，发现两人所站的位置与槐树、柳树正好在一条直线上，而且这条直线恰好与城相切。然后，丙朝柳树方向走，走了 544 步到柳树下；甲朝槐树方向走，走了 425 步到槐树下。

问：这个圆城的直径是多少步？(注：步为古代长度单位，相当于 5/3 丈)

252. 方城问题

今有邑方十里，各中开门。甲、乙俱从邑中央而出。乙东出；甲南出，出门不知步数，邪向东北磨邑，适与乙会。率甲行五，乙行三。

问：甲、乙行各几何？

意思是说：有一座十里见方的城，正东、正西、正南、正北各开一门。甲、乙两人分别从城中心出发。乙出东门一直走；甲出了南门，不知道走了多远，便开始朝着东北方向走去，路线正好贴着城边，就这样一直走，恰好与乙会合。甲与乙的速度比是 5∶3。

问：甲、乙分别走了多远的路？

253. 葭生池中

今有池方一丈，葭生其中央，出水一尺。引葭赴岸，适与岸齐。

问：水深、葭长各几何？

意思是说：有一个一丈见方的池塘，正中心生长着一棵芦苇。拉着芦苇的尖端引到岸边，正好与河岸齐平。

问：池塘的深度和芦苇的高度各是多少？

254. 望海岛

今有望海岛，立两表，齐高三丈，前后相去千步，令后表与前表三相直。从前表却行一百二十三步，人目着地取望岛峰，与表末三合。从后表却行一百二十七步，人目着地取望岛峰，亦与表末三合。

问：岛高及去表各几何？

意思是说：假设测量海岛 AB 的高度，先立两根柱子 CD 和 EF，高均为 5 步，两根柱子的距离 DF 为 1000 步，令后表、前表和海岛在同一直线上。从前表向后退 123 步，人的眼睛贴着地面正好可以从表顶观测到岛峰；从后表向后退 127 步，人的眼睛贴着地面正好可以从后表顶观测到岛峰。

问：这个岛高多少？岛与前表相距多远？（注：古代 1 里为 180 丈，1 丈＝5/3 步，1 步＝6 尺，1 尺＝10 寸）

如图所示：

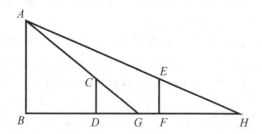

255. 望松生山上

今有望松生山上，不知高下。立两表齐，高二丈，前后相去五十步，令后表与前表三相直。从前表却行七步四尺，薄地遥望松末，与表端三合。又望松本，入表二尺八寸。复从后表却行八步五尺，薄地遥望松末，亦与表端三合。

问：松高及山去表各几何？

意思是说：山上有一棵松树 AJ，不知道有多高。在山下立两个木杆 CD 和 EF，均高 20 尺，让两根木杆之间的距离 DF 为 300 尺，且两木杆与松树在一条直线上。从前面的木杆开始向后走 DG 为 46 尺，眼睛贴着地面看松树，顶端与木杆顶端在一条直线上，看根部的视线与木杆交于 CK 为 2.8 尺。然后从后面的木杆向后走 FH 为 53 尺，眼睛贴着地面看松树，顶端与木杆顶端在一条直线上。

问：松树高 AJ 为多少？山离两根木杆的距离 BD、BF 各多少？（注：古代 1 里

为180丈，1丈＝5/3步，1步＝6尺，1尺＝10寸)

如图所示：

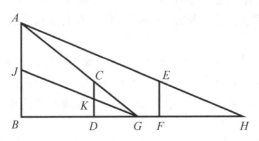

256. 南望方邑

今有南望方邑，不知大小。立两表东、西去六丈，齐人目，以索连之。令东表与邑东南隅及东北隅三相直。当东表之北却行五步，遥望邑西北隅，入索东端二丈二尺六寸半。又却北行去表一十三步二尺，遥望邑西北隅，适与西表相三合。

问：邑方及邑去表各几何？

意思是说：南面有一个方形的城，不知道城的大小。现在东西方向立相距 60 尺远的两个木杆，如图中 C 和 D，木杆高度与人的眼睛平齐，用绳索将两个木杆顶端连起来。其中东面的那个木杆正好与城东墙在一条直线上。人从 D 点向北走 30 尺，看向城的西北角，与绳索 CD 交于 G 点，DG 为 22.65 尺。继续向北走，离 D 点 80 尺，到达点 F，再看向城西北角时，视线正好经过 C 点。

问：这个城的边长 AB 及城与城到两个木杆之间的距离 BD 各是多少？(注：古代 1 里为 180 丈，1 丈＝5/3 步，1 步＝6 尺，1 尺＝10 寸)

如图所示：

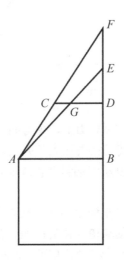

257. 望深谷

今有望深谷,偃矩岸上,令勾高六尺。从勾端望谷底,入下股九尺一寸。又设重矩于上,其矩间相去三丈。更从勾端望谷底,入上股八尺五寸。

问:谷深几何?

意思是说:一人站在深谷旁,在岸上 M 处放一把矩,其短边 MN 长 6 尺。从短边的顶端望向谷底,视线与矩的长边交于 Q 处,MQ 长 9.1 尺。然后将矩提高到 E 处,EM 高 30 尺。再从短边的顶端望向谷底,视线与矩的长边交于 F 处,EF 长 8.5 尺。

问:这个深谷有多深?(注:矩:直角尺,一长边一短边,短边叫勾,长边叫股。古代 1 里为 180 丈,1 丈=5/3 步,1 步=6 尺,1 尺=10 寸)

如下图所示:

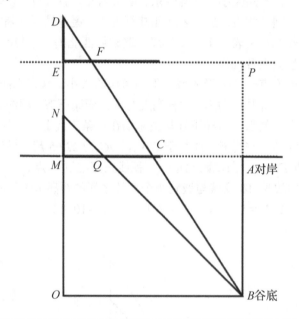

258. 登山望楼

今有登山望楼,楼在平地。偃矩山上,令勾高六尺。从勾端斜望楼足,入下股一丈二尺。又设重矩于上,令其间相去三丈。更从勾端斜望楼足,入上股一丈一尺四寸。又立小表于入股之会,复从勾端斜望楼岑端,入小表八寸。

问:楼高几何?

意思是说:一人登到山上看平地上的一座楼。将一把矩放在山上 M 处,矩的短边 MN 长 6 尺。从矩短边的顶端望向楼的底座,视线与矩的长边交于 Q 处,MQ 长 12 尺。然后将矩提高到 E 处,ME 为 30 尺。再从短边的顶端望向楼的底座,视线与矩的长边交于 F 处,EF 为 11.4 尺。然后在交点 F 处立一木杆,从矩短边的顶端望向楼顶时，视线与小木杆相交于 C 处，FC 长 0.8 尺。

问：这座楼有多高？(注：矩：直角尺，一长边一短边，短边叫勾，长边叫股。古代 1 里为 180 丈，1 丈 = 5/3 步，1 步 = 6 尺，1 尺 = 10 寸)

如图所示：

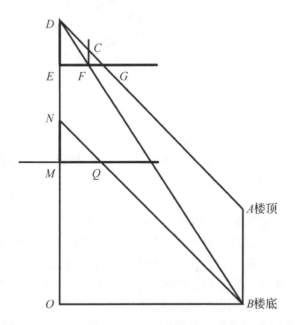

259. 南望波口

今有东南望波口，立两表南、北相去九丈，以索薄地连之。当北表之西却行去表六丈，薄地遥望波口南岸，入索北端四丈二尺。以望北岸，入前所望表里一丈二尺。又却后行去表一十三丈五尺。薄地遥望波口南岸，与南表三合。

问：波口广几何？

意思是说：东南面有一条河，不知道河有多宽。现在南北方向立相距 90 尺远的两个木杆，如图中 C 和 D，用绳索将两个木杆底端连起来。人从 C 点向西走 60 尺，看向河的南岸 B 点，视线与绳索 CD 交于 H 点，CH 为 40.2 尺；看向河的北岸 A 点，视线与绳索 CD 交于 G 点，HG 为 12 尺。继续向西走，离 C 点 135 尺，到达点 F，再看向河南岸的 B 点时，视线正好经过 D 点。

问：这条河的宽度 AB 是多少？(注：古代 1 里为 180 丈，1 丈 = 5/3 步，1 步 = 6 尺，1 尺 = 10 寸)

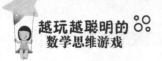

如图所示:

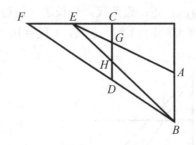

260. 望清渊

今有望清渊,渊下有白石。偃矩岸上,令勾高三尺,斜望水岸,入下股四尺五寸。望白石,入下股二尺四寸。又设重矩于上,其间相去四尺。更从勾端斜望水岸,入上股四尺。以望白石,入上股二尺二寸。

问:水深几何?

意思是说:现在想测量一处清水坑,坑底有一块白石。在岸上竖立一把矩,矩的短边 MN 长 3 尺。从短边端点往对岸看去,视线交矩的长边于 H 处,MH 为 4.5 尺;向白石看去,交矩的长边于 Q 处,MQ 为 2.4 尺。再设一把矩于它的上面,两矩之间距离 ME 为 4 尺。再从这把矩的短边端点斜看对岸和白石,视线交矩的长边分别于 G 和 F 处,EG 为 4 尺,EF 为 2.2 尺。

问:水有多深?(不考虑水的折射)(注:矩:直角尺,一长边一短边,短边叫勾,长边叫股。古代 1 里为 180 丈,1 丈=5/3 步,1 步=6 尺,1 尺=10 寸)

如图所示:

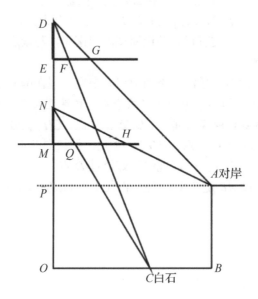

261. 登山望津

今有登山望津,津在山南。偃矩山上,令勾高一丈二尺。从勾端斜望津南岸,入下股二丈三尺一寸。又望津北岸,入前望股里一丈八寸。更登高岩北,却行二十二步,上登五十一步,偃矩山上。更从勾端斜望津南岸,入上股二丈二尺。

问:津广几何?

意思是说:山南面有条河,站在山上看这条河。将一把矩放在山上,矩的短边 $MP=NQ=12$ 尺。从短边的顶端 M 看这条河的南岸 B,与矩的长边交于 F 点,PF 为 23.1 尺。又看向河的北岸 A,视线与矩的长边交于 E 点,PE 为 10.8。走到北面的上山 N 点处,这个地方在原来的地点 M 处的北面 132 尺、上面 306 尺处。在 N 点再放一把矩,从矩短边的端点看河的南岸,与矩长边交于点 G,QG 为 22 尺。

问:这条河的宽度 AB 是多少?(注:矩:直角尺,一长边一短边,短边叫勾,长边叫股。古代 1 里为 180 丈,1 丈=5/3 步,1 步=6 尺,1 尺=10 寸)

如图所示:

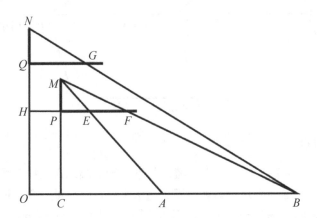

262. 登山临邑

今有登山临邑,邑在山南。偃矩山上,令勾高三尺五寸。令勾端与邑东南隅及东北隅三相直。从勾端遥望东北隅,入下股一丈二尺。又施横勾于入股之会,从立勾端望西北隅,入横勾五尺。望东南隅,入下股一丈八尺。又设重矩于上,令矩间相去四丈。更从立勾端望东南隅,入上股一丈七尺五寸。

问:邑广长各几何?

意思是说:山南面有一个城,登上山看这座城。放一把矩在山上,矩的短边 DE 长为 3.5 尺,并让矩的长短边与城东墙 AB 在同一平面上。从矩的短边顶端 D 处望向城的东北角 A,与矩的长边交于 Q 点,EQ 为 12 尺。在 Q 点横着放一木杆,与矩的长边垂直。从矩的短边顶端 D 处望向城的西北角,与横着的木杆交于 P 点,PQ 为 5 尺。再从矩的短边顶端 D 处望向城的东南角 B 点,与矩的长边交于 F 点,

EF 为 18 尺。在这把矩的上方再设一把矩，距离为 40 尺，从上面矩短边的顶端看向城的东南角 B，与上面矩的长边相交于 N 点，MN 为 17.5 尺。求这座城长和宽各是多少。(注：矩：直角尺，一长边一短边，短边叫勾，长边叫股。古代 1 里为 180 丈，1 丈 = 5/3 步，1 步 = 6 尺，1 尺 = 10 寸)

如图所示：

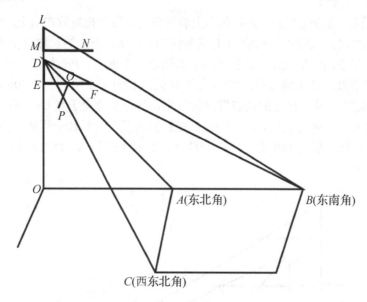

263. 临台测水

问临水城台，立高三丈，其上架楼。其下址侧脚阔二尺。护下排沙下桩，去址一丈二尺。外桩露土高五尺，与址下平。遇水涨时，浸至址。今水退不知多少，人从楼上栏杆腰串间，虚驾一竿出外，斜望水际，得四尺一寸五分，乃与竿端参合。人目高五尺。欲知水退立深为几何？

意思是说：水边有一座城台 BDLK，台高 BD 为 30 尺，在上面建楼。城台离台脚的距离 DE 为 2 尺，台脚下是护坡。在护坡上打桩 FG，桩离台脚的距离 EF 为 12 尺，桩露出地面的高度 FG 为 5 尺，顶端与台脚齐平。涨水时，水位正好达到台脚高度。现在退潮，不知道水退去多少，水位到达 MJ 一线。有一个人在台顶楼上栏杆的空隙处挑出一根竿子 BC，望到水边 (J 点)，视线正好通过竿的顶端 C。这时，人站立的地方离竿的顶端 BC 为 4.15 尺，眼睛的位置离楼面的高度 AB 为 5 尺。

问：水退去的深度。

如下图所示：

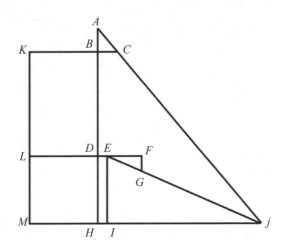

第六章

奥赛精选

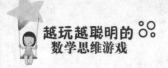

264. 四姐妹的年龄

一家有 4 个姐妹,她们 4 个人的年龄乘起来的积为 15。那么,她们各自的年龄是多大(年龄应为整数)?

265. 走私

有一艘船专门从事走私活动,在国外装满货物后船重 5.5 吨,路上被海关拦截,损失了 1/3 的货物,到岸时,整条船重 5.1 吨。

问:这艘船在国外一共装了多少吨的货物?船本身有多重?

266. 卖西瓜

李老汉家种了一地西瓜,成熟后,两个儿子拉瓜出去卖。大儿子专挑品相好的瓜,小儿子薄利多销。有一天,两个儿子一共从地里拉出去 500 斤(1 斤=0.5 千克)瓜,大儿子卖的瓜品相好,比小儿子的价格高 8 角。等瓜都卖完后,大儿子获得 460 元的收入,小儿子得到 450 元的收入。问:两个儿子各拉了多少瓜出去卖?

267. 酒精纯度

甲种酒精纯酒精含量为 72%,乙种酒精纯酒精含量为 58%,混合后纯酒精含量为 62%,如果每种酒精取的数量比原来多 15 升,混合后纯酒精含量为 63.25%。

问:第一次混合时,甲乙两种酒精各取了多少升?

268. 骑自行车

李强骑自行车从甲地到乙地,每小时行 12 千米,5 小时到达,从乙地返回甲地时因逆风多用 1 小时,返回时平均每小时行多少千米?

269. 上学路上

小明从家里到学校,如果每分钟走 50 米,则正好到上课时间;如果每分钟走 60 米,则离上课时间还有 2 分钟。

问:小明从家里到学校有多远?

270. 两个村庄

甲每小时行 12 千米,乙每小时行 8 千米。某日甲从东村到西村,乙同时从西村到东村,已知乙到东村时,甲已先到西村 5 小时。

问:东西两村的距离是多少千米?

271. 穿过隧道

一列火车通过 440 米的桥需要 40 秒,以同样的速度穿过 310 米的隧道需要 30 秒。

问：这列火车的速度和车身长各是多少？

272. 作家

有个作家把自己的文章卖给第一个出版商甲，卖了 9000 元。由于这篇文章的商业价值不足，甲又把文章卖回给作家，只收了 8000 元，后来有出版商乙看上了这篇文章，花 10000 元买了去。还没等出版，乙倒闭，甲重新以 8000 元的价格从乙手里买了去，并出版，获得经济收益 5 万元。

问：在这个过程中，作家赚了多少钱？(不计写文章的成本)

273. 阅兵队

某国家举行阅兵式，已知某方队不超过 1 万人，每十三人一列、十七人一列、十九人一列都剩 1 个人。

问：这个方队最少有多少人？

274. 数学教授的问题

有一个数学教授出了一道题来考他的儿子，题目是这样的：有一条很长的阶梯，如果每步跨 2 个台阶，那么最后剩下 1 个台阶；如果每步跨 3 个台阶，那么最后剩下 2 个台阶；如果每步跨 4 个台阶，那么最后剩下 3 个台阶；如果每步跨 5 个台阶，那么最后剩下 4 个台阶；如果每步跨 6 个台阶，那么最后剩下 5 个台阶；如果每步跨 7 个台阶，那么正好不剩台阶。

问：这条阶梯最少有多少台阶？

275. 卖家电

一个人开了个小家电卖场，某天，他卖掉了 3 个小家电，价格都是 600 元。第一个的价格比买进时的价格低 20%，第二个比买进时的价格高 20%，第三个买进时的价格与卖出时的价格相同。

问：他是赚了还是赔了？

276. 龟兔赛跑

兔子和乌龟赛跑，它们沿着一个圆形的跑道背对背比赛，并规定谁先绕一圈回到出发点谁就胜利。兔子先让乌龟跑了 1/8 圈，然后才开始动身。但是这只兔子太骄傲了，慢吞吞地边走边啃胡萝卜，直到遇到了迎面来的乌龟，它才慌了，因为在相遇的这一点上，兔子才跑了 1/6 圈。请问：兔子为了赢得这次比赛，它的速度至少要提高到原来的几倍？

277. 利润问题

小王是位二手手机销售商。通常情况下，他买下硬件完好的旧手机，然后转手卖出，并从中赚取 30%的利润。某次，一个客户从小王手里买下一部手机，但是三

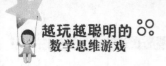

个月后,手机坏了。大为不满的客户找到小王要求退款。小王拒绝退款,但同意以当时交易价格的80%回收这部手机。客户最后很不情愿地答应了。

问:你知道小王在整个交易中赚了多少个百分点的利润吗?

278. 说真话的概率

A、B、C、D四个人说真话的概率都是1/3。假如A声称B否认C说D是说谎了,那么D说的那句话是真话的概率是多少?

279. 几人及格

100人参加考试,共5道题,第1、2、3、4、5题分别有80、72、84、88、56人做对。

问:如果至少做对3题算及格,则至少几人及格?

280. 马车运菜

一个城镇在沙漠的中间,人们必须每天到沙漠外面去买蔬菜吃。一个人赶着马车到1000公里外的地方去买菜,一天他买到3000公斤蔬菜。但是自己的马车一次只能装1000公斤的货物,而且由于路途遥远,马每走1公里要吃掉1公斤菜。

问:这个人最多可以运回多少公斤菜?

281. 兔子背胡萝卜

有只兔子在树林里采了100根胡萝卜堆成一堆,兔子家离胡萝卜堆50米,兔子打算把胡萝卜背回家。但是,兔子每次最多只能背50根,而且兔子嘴馋,只要手上有胡萝卜,每走1米它要吃掉1根。

问:兔子最多能背几根胡萝卜回家?

282. 砝码称重

有一架没有横标尺的天平,只能用砝码称量。这里有10克、20克、40克和80克的砝码各一个。那么:任意在这四个砝码中选择两个组合,可以称出多少种不同的重量?

283. 称量水果

在果园工作的送货员A,给一家罐头加工厂送了10箱桃子。每个桃子重500克,每箱装20个。正当他送完货,要回果园的时候,接到了从果园打来的电话,说由于分类错误,这10箱桃子中有1箱装的是每个400克的桃子,要送货员把这箱桃子带回果园以便更换。但是,怎样从10箱桃子中找出分量不足的那一箱?手边又没有秤。

正在这时,他忽然发现不远的路旁有一台自动称量体重的机器,投进去1元硬币就可以称1次重量。他的口袋里刚好有一枚1元硬币,当然也就只能称量1次。那么他应该怎样充分利用这只有1次的机会,来找出那一箱不符合规格的产品?

284. 丢手绢游戏

幼儿园的老师组织孩子们玩丢手绢游戏,所有的小朋友们都在一起围成一个大圈。这时老师发现,虽然这些孩子有男有女,但是他们却有一个规律,就是每个小朋友都与两个性别相同的人相邻。如果这个游戏中共有12个女孩子参加,那么,你能算出一共有多少人参加这个游戏吗?

285. 掷骰子(1)

甲、乙两个人都不愿意打扫卫生,于是甲对乙说:"我们掷骰子决定吧,现在这里有两个骰子,我们每人掷一次,如果两个骰子上显示的数之和在1~6之间,就算你赢;如果两个数之和在7~12之间,就算我赢。输的那个人打扫卫生,怎么样?"乙同意了。掷完骰子,乙输了,于是他就打扫了卫生。第二天,乙发现他上了甲的当,这种掷法不公平。

问:为什么这种掷法不公平?两种概率差了多少?

286. 掷骰子(2)

一颗骰子是一个六面体,六个面上分别刻有1~6个点。

小李打赌说,如果连续掷骰子四次,那么,这四次中必定有一次是一点(即一个点的面向上)。

小王则认为:连续掷四次,要么一次一点也没有,要么一点出现的次数多于1。

问:他们二人谁有更大的可能获胜?

287. 硬币的正面与反面

传说18世纪法国有名的数学家达郎贝尔发现了一个问题:拿两个五分硬币往下扔,会出现的情况只有三种:两个都是正面;一个是正面,一个是背面;两个都是背面。因此,两个都出现正面的概率是1/3。

问:这位数学家错在哪里?

288. 市长竞选

一个市要选出两名副市长,一名市长,现在有7名候选人参与竞选。参加投票的代表共有49人,每个人只能投1票,不许弃权,前三名得票最多的人当选。

问:最少需要获得几票才能确保当选?

289. 男孩和女孩

幼儿园里,老师组织小朋友们一起游泳。男孩子戴的是天蓝色游泳帽,女孩子戴的是粉红色游泳帽。

有趣的是：在每一个男孩子看来，天蓝色游泳帽与粉红色游泳帽一样多；而在每一个女孩子看来，天蓝色游泳帽是粉红色游泳帽的 2 倍。

问：男孩子与女孩子各有多少个？

290. 合伙买啤酒

四个人打算合伙买啤酒，到了商店之后，发现四个人带的钱数各不相同，其中甲的钱数加上 3 元等于乙的钱数减去 3 元，等于丙的钱数乘 3，等于丁的钱数除以 3。而四个人的钱数一共是 112 元。

问：每个人分别带了多少钱？

291. 赛跑比赛

小狗、小兔子、小马和小山羊在进行百米赛跑。当小狗和小兔子比赛时，小狗跑到终点，小兔子还差 10 米；当小兔子和小马比赛时，小兔子到终点，小马还差 10 米；当小马和小山羊跑时，小山羊跑到终点，小马还差 5 米。那么现在小狗和小山羊比赛，谁先到终点，另一个还差几米？

292. 动物园

小明和爸爸妈妈一起去动物园玩，回来他给大家出了个题："有个笼子里面一共有 13 只动物，包括猴子、百灵鸟、鸵鸟和斑马。每种动物的个数都不一样，猴子和百灵鸟加起来一共 6 只，猴子和斑马加起来一共 5 只。已知某种动物有 2 只。你知道是哪种动物有 2 只吗？"

293. 号码

学校开运动会，班长正在发号码，他叫"1034 号"，那个知道自己的号码是 1034 号的同学就会到讲台上拿自己的号码，并挂到衣服上。一切进行得都很顺利，只是其中的一个号码没有人领。发到最后班长又叫了一遍还是没有人领，这时小杜突然醒悟说："我的号码还没有给我，对了，你是把我的号码拿倒了，所以念错了。"班长"哈哈"笑道："可不是，这样比原来的号码要多 7785 了。"

问：小杜运动服上的号码应该是多少？

294. 羽毛球循环赛

有 7 个好朋友想要进行一次"羽毛球循环赛"，每两个人互赛一场。比赛的结果如下：

甲：3 胜 3 败；

乙：0 胜 6 败；

丙：2 胜 4 败；

丁：5 胜 1 败；

戊：4 胜 2 败；

……

问：第 6 个人的成绩如何？

295. 年龄

村口坐了两个人，其中一个老人，虽然年龄很大，但神采奕奕，一个过路人就问他的年龄。老人家说："旁边这个是我的儿子。我的年龄的个位和十位交换一下，便是我儿子的年龄。我只比他大 18 岁。"儿子说："40 多年前，我刚出世没几年，我们家就搬到了这里。"

问：他们现在分别是多少岁？

296. 电话号码

小红家电话号码后四位的 4 倍正好是小明家电话号码的后四位；小红家电话号码的后四位从后到前倒着写也正好是小明家电话号码的后四位。

问：小红家电话号码后四位是什么？

297. 考试分数

将甲的考试分数位置对调一下，就是乙的考试分数；丙的考试分数的 2 倍是甲与乙两人分数的差；而乙的分数是丙的分数的 10 倍。

问：三个人的考试分数各是多少？

298. 奇怪的数字

有一个两位数，它的个位与十位的乘积在镜子里一照，正好是这个数个位与十位的和。

问：你能算出这个数是什么吗？(已知，两个数都不是 0)

299. 伪慈善

一个小伙子经常向身边的朋友们炫耀，称自己经常施舍给那些无家可归的人金钱。一天，他又说："昨天我又施舍了 50 个一元的硬币给 10 个流浪汉。不过我没有把这些钱平均分给他们，而是根据他们的贫穷程度施舍的。每个人最少给了 1 个一元硬币，而且他们每个人得到的硬币数各不相同。"

"你在撒谎。"一个听到这话的小孩当众指出。

小伙子恼羞成怒："你凭什么说我撒谎，我确实给他们了，也是按我说的方式分配的。你有什么证据说我撒谎？"

小孩解释了一番，大家一听都明白了。原来小伙子确实在说谎。

问：小孩的理由是什么？

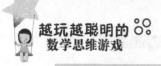

300. 排数字

有四个数字，分别是 1、2、3、4。现在把这四个数字排成一排，要求中间的两个数字之和是 5，4 挨着 1 并在 1 的左边，最后边的数字比最左边的数字大。你能把这几个数字按要求排列出来吗？

301. 平均分

小明一个学期 9 次考试的平均分是 80 分，那么他第 10 次考试需要考多少分，才能使 10 次的平均分为 81 分？

302. 三个数字

有三个数字，它们的和为 100。第一个数除以第二个数为 5 余 1，第三个数除以第一个数也为 5 余 1。

问：第二个数是多少？

303. 折页

一天，爸爸把一本 45 页的书折起了一页纸，然后对小明说："除了我折起的这页纸外，其余的页码之和正好为 1000。你知道我折起的这页纸的两个页码是多少吗？"

问：你能帮小明算一下吗？

304. 插图

一本书上有很多插图，第一个插图在第 2 页，接下来，每隔三页有一页插图。

问：第 10 幅插图在第几页？

305. 三堆硬币

桌子上有三堆硬币，一共有 48 枚。先从第一堆里取出与第二堆数量相等的硬币并放入第二堆里，再从第二堆里取出与第三堆数量相等的硬币并放入第三堆里，最后从第三堆里取出与第一堆数量相等的硬币并放入第一堆里。此时，三堆硬币的数量相同。

问：你知道最开始时三堆各有多少枚硬币吗？

306. 小明吃苹果

小明很爱吃苹果。一天，爸爸给他买了一堆苹果。他吃掉的苹果数比剩下的苹果数多 4 个。过了一会儿，他又吃了一个苹果。这时，他吃掉的苹果数是剩下的苹果数的 3 倍。

问：爸爸一共给小明买了多少个苹果？

307. 平均速度

小明骑车上学,速度为 20 千米/时,放学回家的速度为 10 千米/时。

问:他来回两次的平均速度是多少?

308. 装修

小明家装修,在屋子里面铺地砖。如果选用边长为 60 厘米的方砖,需要 250 块。如果改为边长为 50 厘米的方砖,需要多少块?

309. 读书

星期天,小明在家读一本课外书。上午他读了全书的 1/9,下午他比上午多读了 12 页,这时还剩 1/3 没读。

问:这本书一共有多少页?

310. 股份

两个人合伙做生意,如果甲把自己股份的 20% 送给乙的话,那么甲、乙的股份就一样多了。你知道两个人一开始各有多少股份吗?

311. 卖报纸

一天,某报刊亭一共卖掉 50 份《日报》,60 份《晚报》,70 份《晨报》。其中有 14 个人买了《晚报》和《晨报》,12 个人买了《日报》和《晚报》,13 个人买了《日报》和《晨报》。还有 3 个人三种报纸都买了。

问:这一天,一共来了多少名顾客?

312. 种树

7 个小队共种树 100 棵,各小队种的棵数都不相同,其中种树最多的小队种了 18 棵,种树最少的小队最少种了多少棵?

313. 玻璃球

小明和小亮各有一些玻璃球,小明说:"你的球的个数比我的少 1/4。"小亮说:"你要是能给我你的 1/6,我就比你多 2 个了。"小明原有玻璃球多少个?

314. 加工零件

甲乙二人共同完成 242 个机器零件。甲做一个零件要 6 分钟,乙做一个零件要 5 分钟。完成这批零件时,两人各做了多少个零件?

315. 田径组成员

学校田径组原来女生人数占 1/3,后来又有 6 名女生参加进来,这样女生就占田径组总人数的4/9。

问：现在田径组有多少女生？

316. 剩下的牌

有9张纸牌，分别为1～9。A、B、C、D四人取牌，每人取2张。现已知A取的两张牌之和是10，B取的两张牌之差是1，C取的两张牌之积是24，D取的两张牌之商是3。

问：他们四人各拿了哪两张纸牌？剩下的一张又是什么牌？

317. 火车过桥问题

某列车通过250米长的隧道用25秒，通过210米的铁桥用23秒。

问：该列车与另一列长320米、速度为64.8千米/时的火车错车时需要多少秒？

第七章

寻找规律

318. 找规律

下面是按规律排列的一串数,问:其中的第 1995 项是多少?
2、5、8、11、14……

319. 数字规律

根据下图中前两幅图中数字的规律,确定第三幅图中问号代表的数字应该是几。

1 2		2 3		2 4
3 9		3 15		5 ?

320. 不能被除尽

在从 1 开始的自然数中,第 100 个不能被 3 除尽的数是多少?

321. 连续偶数的和

把 1988 表示成 28 个连续偶数的和,那么其中最大的那个偶数是多少?

322. 商数与余数相等

在大于 1000 的整数中,找出所有被 34 除后商数与余数相等的数,那么这些数的和是多少?

323. 黄色卡片

盒子里装着分别写有 1、2、3、…、134、135 的红色卡片各一张,从盒中任意摸出若干张卡片,并算出这若干张卡片上各数的和除以 17 的余数,再把这个余数写在另一张黄色的卡片上放回盒内,经过若干次这样的操作后,盒内还剩下两张红色卡片和一张黄色卡片,已知这两张红色卡片上写的数分别是 19 和 97。

问:那张黄色卡片上所写的数是多少?

324. 排列的规律

这些算式是按规律排列的:1+1,2+3,3+5,4+7,1+9,2+11,3+13,4+15,1+17,…,那么其中第多少个算式的结果是 1992?

325. 相同的项数

已知两列数:2、5、8、11、…、2+(200−1)×3;5、9、13、17、…、5+(200−1)×4。它们都是 200 项。

问：这两列数中相同的项共有多少对？

326. 找数字规律

根据下面数字之间的规律，问号代表的数字应该是多少？

1、8、27、?、125、216

327. 组成单词

用下面6个字母(可重复使用)，可以构成一个常用的英文单词，你能把它找出来吗？

B、D、E、G、O、Y

328. 写数列

把下面这个数列按照它的规律继续写下去。

1、10、3、9、5、8、7、7、9、6、?、?

329. 下一个数字

根据给出的数字规律，找出下一个数字是多少。

2、3、5、7、11、13、?

330. 字母排列

根据给出的字母之间的规律，找出接下来是什么字母。

B、A、C、B、D、C、E、D、F、?

331. 代表什么

如果圆代表1，五角星代表10，正方形代表4，那么正六边形代表多少？

332. 排列规律

找出下列数字的排列规律，确定最后一个数字应该是多少。

9、12、21、48、?

333. 数字找规律(1)

请从逻辑的角度，在后面的横线上填入后续数字。

1、3、6、10、_____

334. 数字找规律(2)

请从逻辑的角度，在后面的横线上填入后续数字。

21、20、18、15、11、_____

335. 数字找规律(3)

请从逻辑的角度,在后面的横线上填入后续数字。

8、6、7、5、6、4、_____

336. 数字找规律(4)

请从逻辑的角度,在后面的横线上填入后续数字。

65536、256、16、_____

337. 数字找规律(5)

请从逻辑的角度,在后面的横线上填入后续数字。

1、0、−1、0、1、0、_____

338. 数字找规律(6)

请从逻辑的角度,在后面的横线上填入后续数字。

3968、63、8、3、_____

339. 智力测验(1)

请在行末填上空缺的数字:2、5、8、11、_____

340. 智力测验(2)

请在行末填上空缺的数字:7、10、9、12、11、_____

341. 智力测验(3)

请在行末填上空缺的数字:2,7,24,77,_____

342. 填数字

按照给出的数字之间的规律,横线上应该填几?

0、7、26、63、_____

343. 猜数字(1)

请从逻辑的角度,在后面的横线上填入后续数字。

1、2、6、24、120、_____

344. 猜数字(2)

请从逻辑的角度,在后面的横线上填入后续数字。

30、32、35、36、40、40、_____

345. 猜数字(3)

请从逻辑的角度，在后面的横线上填入后续数字。

1、2、2、4、8、_____、256

346. 猜数字(4)

请从逻辑的角度，在后面的横线上填入后续数字。

1、10、3、5、_____、0

347. 猜数字(5)

请从逻辑的角度，在后面的横线上填入后续数字。

0、1、3、_____、10、11、13、18

348. 数字的规律

按照给出数字的规律，横线上应该填几？

1、2、5、29、_____

349. 有名的数列(1)

你知道问号代表的数是什么吗？

1、1、2、3、5、8、13、21、？

350. 有名的数列(2)

你能推出问号代表什么数吗？

1、3、4、7、11、18、29、？

351. 天才测验(1)

按照给出数字的规律，填出所缺数字。

3/5、7/20、13/51、21/104、？

352. 天才测验(2)

按照给出数字的规律，填出所缺数字。

118、199、226、235、？

353. 天才测验(3)

按照给出数字的规律，填出所缺数字。

7、10、？、94、463

354. 下一个数字是什么

125、77、49、29、？

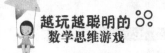

问：问号代表的应是什么数字？

355. 寻找数字规律

你知道问号代表的数是什么吗？
0、2、4、8、12、18、24、32、40、?

356. 字母旁的数字

根据给出的各组字母与数字间的联系，请问：字母 W 旁的问号该是多少？
G7　M13　U21　J10　W?

357. 猜字母(1)

按照给出字母的规律，问号代表什么？
O、T、T、F、F、S、S、E、?

358. 猜字母(2)

按照给出字母的规律，问号代表什么？
F、G、H、J、K、?

359. 猜字母(3)

按照给出字母的规律，问号代表什么？
Q、W、E、R、T、?

360. 字母找规律

请从逻辑的角度，在后面的横线上填入后续字母。
A、D、G、J、_____

361. 智力测验

请在行末填上空缺的数字：E、H、L、O、S、_____

362. 填字母

M、T、W、T、F、?、?

363. 缺的是什么字母

J、F、M、A、?、?、J、A、S、?、?、D

第八章

看图填数

364. 代表的数字

下图中，心和笑脸代表的数字分别是多少？

365. 填数游戏

只用数字 1、2、4、6、9 五个数字把下面的空格填满，使每行、每列及两条对角线上的数字之和都是 22。

1				
	6			
		2		
			4	
				9

366. 等于 10

把 0~5 六个数字填入到下图中六个小圆圈里，使每个大圆上四个小圆里的数字之和都是 10。你会填吗？

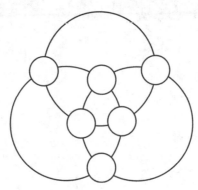

367. 两数之差

请大家在图中的八个圆圈里填上 1~8 这八个数字,规定由线段连着的两个相邻圆圈里的两数之差不能为 1。例如,顶上的圆圈填了 5,那么 4 与 6 就都不能放在第二行的某个圆圈内。

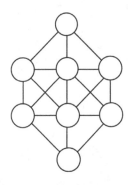

368. 字母问题

下表中每个字母都代表一个数字,而表中右侧和下部的数字则表示该行或该列所有字母代表的数字的总和。你能把"?"所代表的数字算出来吗?

A	B	B	B	A	16
A	E	A	E	C	19
A	B	E	A	C	17
A	C	A	B	D	16
B	D	B	D	C	?
22	12	18	16	?	

369. 中间数字

将数字 1~9 填入到下图中的九个圆圈里,使十字的两条线上的五个数字之和都是 27。你知道中间的位置应该填几吗?

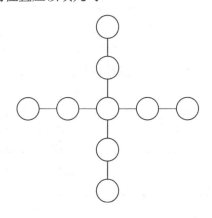

370. 算式阵

下图是一个奇妙的算数阵，只要你把1～9九个数字分别填入下面的九个圆圈，每个数字只允许填一次，那么这6个等式就都能成立。该怎么填呢？

```
    ○  +  ○  +  ○  =16
    ×     ×     ×
    ○  +  ○  ÷  ○  =11
    +     −     −
    ○  +  ○  ×  ○  =8
   =62   =35   =13
```

371. 圆圈数字

下图中有五个圆，这些圆有9个交叉点，请把1～9九个数字填入到这九个交叉点处的圆圈里，使每个圆上的四个数字之和都是20。该怎么填呢？

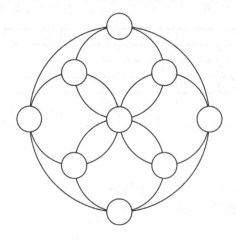

372. 剔除的数字

下面的表格里有16个数字，现在请你剔除其中4个，使每行、每列的数字之和都是60。你能做到吗？

20	15	25	20
15	25	20	25
20	25	15	15
25	20	15	20

373. 数字金字塔

下面这个金字塔，规则很简单，下层的两个数字相加，和是上面的一个数字。下图中一些数字已经给出了，请把剩余的数字补齐。

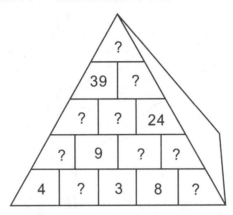

374. 填数字

请把1~9九个数字填入下面的空格中，使它们组成五个数字(其中两个一位数，两个两位数，一个三位数)，且中间的三位数分别等于两边两个数的乘积。你知道该怎么填吗？

□×□□=□□□=□□×□

375. 幻方

下面是个5×5的方格，请把数字1~25填入到空格中，使每行、每列及两条主对角线上的数字之和都是65，且灰色方格中的数字必须是奇数。你知道该怎么填吗？

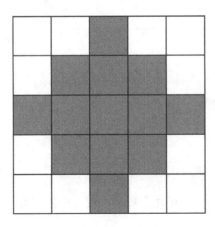

376. 菱形方阵

请把数字 1~12 填入下面这个菱形方阵中的小圆圈里,使每个小菱形四个角位置的数字之和都是 26。你知道该怎么填吗?

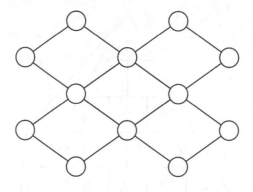

377. 调换数字

如图所示,图中四个梯形及两条对角线上的四个数字之和都是 18。现在请调换两组数字,使两个正方形顶点的四个数字之和也是 18。你能做到吗?

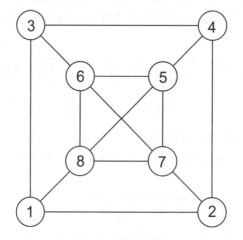

378. 计算数字

计算下面几个 x 的值。
(1) $x \times x \div x = x$
(2) $(x+x) \times x = 10x$

379. 不等式

在下面的圆圈里填入 1~9 九个数字,使图中的所有不等式都成立。你知道该怎么填吗?

380. 重叠

如图所示的两个等边三角形,它们的面积差为48,其中 $AB:BC:CD=2:1:4$。你能根据这些求出重叠部分的面积吗?

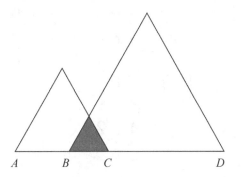

381. 内接图形

如图所示,一个正方形内部有一个内接圆,在圆的内部再内接一个正方形。

问:大小两个正方形的面积比是多少?

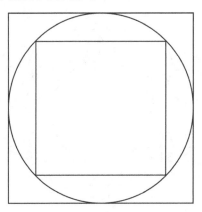

382. 填数字

在下面的空格中填入缺少的数字，使它符合给出的数字之间的规律。你知道该填多少吗？

3	12	20
	33	27
42	45	47

383. 找规律

观察下图中的数字之间的规律，你知道问号代表什么数吗？

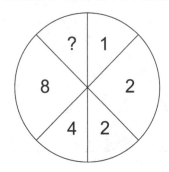

384. 太阳光

下面的图形中，外圈的数字之间存在一定的规律。

问：你能根据这个规律写出问号代表的数字吗？

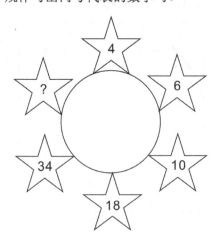

385. 数字与图形

下面图中的数字与图形之间存在某种关系,你能找出来吗?问号代表的数字是几?

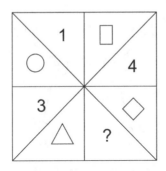

386. 四则运算

请将1~8八个数字填入下面的椭圆里,使四个等式成立。你会填吗?(答案不止一种,满足条件即可)

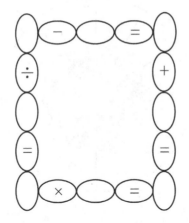

387. 寻找公式

下面五角星中的数字是由旁边的三个数字根据一个特定的公式计算出来的结果。你能根据给出的数字,找出这个公式来吗?

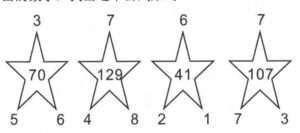

388. 数字关系

下面图中，最上面的数字与其他四个数字之间有某种内在关系。你能通过计算确认这种关系，并得出问号代表的数字应该是什么吗？

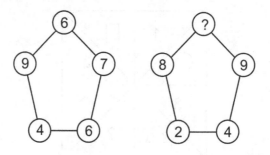

389. 三数之和

请在下面图中的空白处填入 1、3、4、6、7、8、11、13 这几个数字，使通过中央圆圈的直线上的三个数字之和都是 21。你能做到吗？

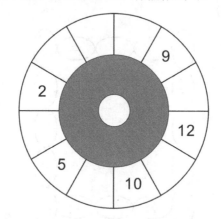

390. 结果相同

下面有两组数字，请在每组数字中间的方格中分别填入一个乘号一个除号，使两组数字计算出来的结果相同。你知道该怎么填吗？

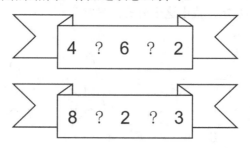

391. 重叠的圆

图中有四个相互重叠在一起的圆，上面有一些数字。请根据这些数字之间的规律，写出问号代表的数字。

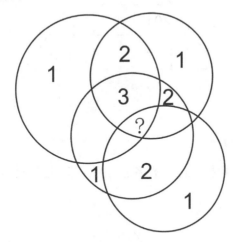

392. 数字规律

下面给出了一排数字，它们之间是有规律的，请根据已知的数字，确认问号代表的数字应该是几。

393. 九个数字

请把1~9九个数字填入下图的圆圈里，使等式成立。

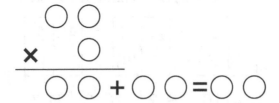

394. 树冠上的数字(1)

这是一棵大树，请根据给出的数字之间的规律，把树冠顶端问号代表的数字写出来。

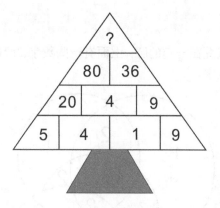

395. 树冠上的数字(2)

这是一棵大树，请根据给出的数字之间的规律，把树冠顶端问号代表的数字写出来。

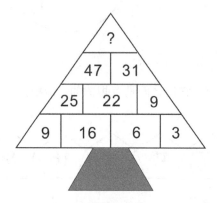

396. 奇怪的关系

请根据图中给出的数字之间的关系，确定问号应该代表什么数字。

15	2
4	5

75	10
1	26

40	?
7	18

A.10　　B.21　　C.3　　D.7

397. 影子

如图所示，B 处有一盏灯，一个身高1.8米的人站在灯的正下方 A 点处，他向前走3米后，到达 D 点。这时他的影子 DE 长为2米。

问：这盏灯离地面的距离 AB 为多少米？

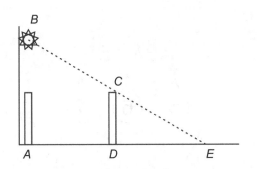

398. 华氏温度

下图是一个温度计,上面有华氏度和摄氏度之间的关系。请根据给出的数字,求出 104°F 等于多少摄氏度。

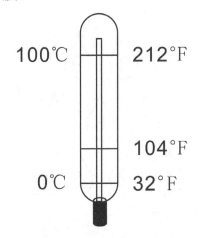

399. 房顶的数字

下面图中有两座小房子,房顶的数字与下面墙上的数字之间有固定的关系。你能根据给出的数字找出这个关系,并计算出问号代表的数字吗?

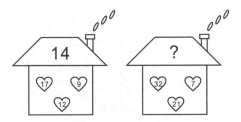

400. 水滴数字(1)

调换一些水滴的位置,使每一行的数字之和都相等。你知道该怎么调换吗?

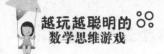

401. 水滴数字(2)

调换一些水滴的位置，使每一行的数字之和都比下一行的数字之和多1。你知道该怎么调换吗？

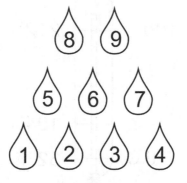

402. 伞上的数字

以下是一把雨伞的顶部图，上面有两圈数字。请根据给出数字的规律，确定问号应该代表数字几。

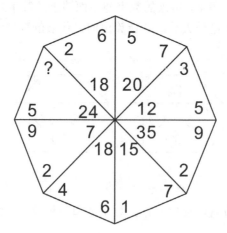

403. 花瓣上的数字(1)

下图中的花瓣上有一些数字。请根据它们之间的规律，确定问号代表的数字分别是多少。

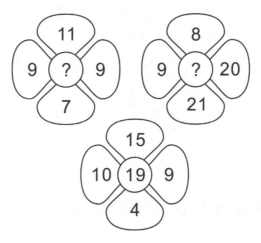

404. 花瓣上的数字(2)

下图中的花瓣上有一些数字。请根据它们之间的规律，确定问号代表的数字是多少。

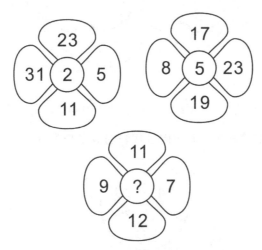

405. 双环填数

下面图中有两个环。请根据已有数字的规律，确定问号代表的数字是多少。

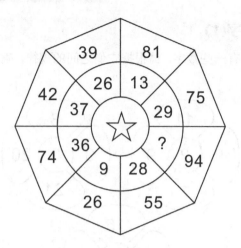

406. 三环填数

下图中有三个圆环。请在上面的小圆圈里填入数字 1~9，使每个圆环上四个数字之和都是 19。

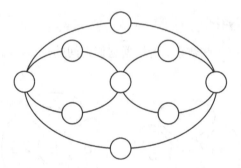

407. 填数游戏

请根据给出数字的规律，确定问号代表的数字是多少。

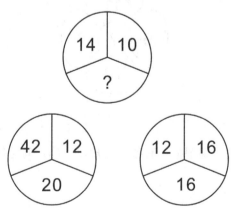

408. 数字之和

请在下图中填入数字 1～11，使每条直线上三个数字之和都相等。你知道该怎么填吗？

409. 等边三角形

请把 1～9 九个数字填入到下面图中的九个小圆圈里，使图中的 7 个大大小小的等边三角形三个顶点的数字之和都相等。你知道该怎么填吗？

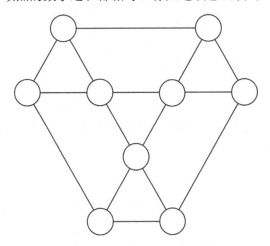

410. 缺少的数字

想一想，下面图形中缺少的数字是几。

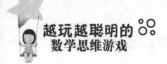

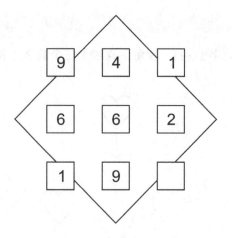

411. 填数字

请把数字 1～9 填入到下面的空格中,使所有的等式都成立(按顺序计算,不考虑乘除法的优先顺序)。你知道该怎么填吗?

	10	−	43		20
+	×		÷		=
			11		
×	+		+		÷
			12		
÷	−		−		×

412. 填符号

请从下面的某个数字开始,按顺序填入适当的数学符号,使最后的运算结果等于中间的数字。你知道该怎么填吗?

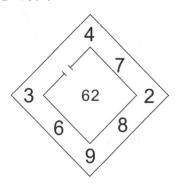

第九章

巧猜智解

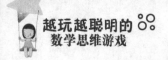

413. 猜帽子上的数字

100个人每人戴一项帽子，每项帽子上有一个数字(数字限制为0～99的整数)，这些数字有可能重复。每个人只能看到其他99个人帽子上的数字，看不到自己帽子上的数字。这时要求所有人同时说出一个数字，是否存在一个策略使至少有一个人说出的是自己头上帽子的数字？如果存在，请构造出具体的推算方法；如果不存在，请给出严格的证明。

414. 各是什么数字

A、B、C三个人头上的帽子上各有一个大于0的整数，三个人都只能看到别人头上的数字，看不到自己头上的数字。但有一点是三个人都知道的，那就是三个人都是很有逻辑的人，总是可以做出正确的判断，并且三个人总是说实话。

现在，告诉三个人已知条件为：其中一个数字为另外两个数字之和。然后开始对三个人提问。

先问A："你知道自己头上的数字是多少吗？"

A回答："不知道。"

然后问B："你知道自己头上的数字是多少吗？"

B回答："不知道。"

问C，C也回答不知道。

再次问A，A回答："我头上是20。"

问：B、C头上分别是什么数字？(有多种情况)

415. 纸条上的数字

老师出了一道测试题想考考皮皮和琪琪。她写了两张纸条，对折起来后，让皮皮、琪琪每人拿一张，并说："你们手中的纸条中写的数都是自然数，这两个数相乘的积是8或16。现在，你们能通过手中纸条上的数字，推出对方手中纸条的数字吗？"

皮皮看了自己手中纸条上的数字后，说："我猜不出琪琪的数字。"

琪琪看了自己手中纸条上的数字后，也说："我猜不出皮皮的数字。"

听了琪琪的话后，皮皮又推算了一会儿，说："我还是推不出琪琪的数字。"

琪琪听了皮皮的话后，重新推算了一会儿，也说："我同样推不出来。"

听了琪琪的话后，皮皮很快地说："我知道琪琪手中纸条的数字了"，并报出数字。果然不错。

你知道琪琪手中纸条上的数字是多少吗？

416. 纸片游戏

Q先生、S先生和P先生在一起做游戏。Q先生用两张小纸片，各写一个数。

这两个数都是正整数，差为1。他把一张纸片贴在S先生额头上，另一张贴在P先生额头上。于是，两个人只能看见对方额头上的数。

Q先生不断地问："你们谁能猜到自己头上的数？"

S先生说："我猜不到。"

P先生说："我也猜不到。"

S先生又说："我还是猜不到。"

P先生又说："我也猜不到。"

S先生仍然猜不到，P先生也猜不到。

S先生和P先生都已经三次猜不到了。

可是，到了第四次，S先生喊道："我知道了！"

P先生也喊道："我也知道了！"

问：S先生和P先生额头上各是什么数？

417. 猜数字(1)

甲、乙、丙都是某教授的学生，三人都足够聪明。教授发给他们3个数字(自然数，没有0)，每人1个数字，并告诉他们这3个数字的和是14。

甲马上说道："我知道乙和丙的数字是不相等的！"

乙接着说道："我早就知道我们三个的数字都不相等了！"

丙听到这里马上说："哈哈，我知道我们每个人的数字都是几了！"

问：这3个数字分别是多少？

418. 猜数字(2)

老师从1到80(大于1小于80)选了两个自然数，将二者之积告诉同学P，二者之和告诉同学S，然后他问两位同学能否推出这两个自然数分别是多少。

S说："我知道P肯定不知道这两个数。"

P说："那么我知道了。"

S说："那么我也知道了。"

其他同学说："我们也知道了。"

……

通过这些对话，你能猜到老师选出的两个自然数是什么吗？

419. 苏州街

陈一婧住在苏州街，这条大街上的房子的编号是从13号到1300号。龚宇华想知道陈一婧所住的房子的号码。龚宇华问道："它小于500吗？"陈一婧作了答复，但她讲了谎话。龚宇华问道："它是个平方数吗？"陈一婧作了答复，也没有说实话。龚宇华问道："它是个立方数吗？"陈一婧回答了且讲了真话。龚宇华说道：

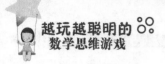

"如果我知道第二位数是否是1，我就能告诉你那所房子的号码。"陈一婧告诉了他第二位数是否是1，龚宇华也讲了他所认为的号码。但是，龚宇华说错了。

问：陈一婧住的房子是几号？

420. 贴纸条猜数字

一个教逻辑学的教授，有三个学生，都非常聪明。一天教授给他们出了一道题，教授在每个人脑门上贴了一张纸条并告诉他们，每个人的纸条上都写了一个正整数，且某两个数的和等于第三个数。(每个人可以看见另两个数，但看不见自己的数)

教授问第一个学生："你能猜出自己的数吗？"回答是不能；问第二个，回答仍是不能；问第三个，回答还是不能；回头再问第一个，还是不能；第二个，还是不能；第三个："我猜出来了，是144！"教授很满意地笑了。

问：你能猜出另外两个人头上贴的数是什么吗？请说出理由。

421. 猜扑克牌

P先生、Q先生都具有足够的推理能力。这天，他们正在接受推理考试。逻辑学教授在桌子上放了如下16张扑克牌：

红桃A、Q、4

黑桃J、8、3、2、7、4

梅花K、Q、5、4、6

方块A、5

教授从这16张牌中挑出一张牌来，并把这张牌的点数告诉P先生，把这张牌的花色告诉Q先生。然后，教授问P先生和Q先生："你们能从已知的点数或花色中推知这是张什么牌吗？"

P先生："我不知道这张牌。"

Q先生："我知道你不知道这张牌。"

P先生："现在我知道这张牌了。"

Q先生："我也知道了。"

问：这张牌是什么？

422. 老师的生日

小明和小强都是张老师的学生，张老师的生日是M月N日，两人都不知道。张老师的生日是下列10组日期中的一天，他把M值告诉了小明，把N值告诉了小强，张老师问他们知道他的生日是哪一天吗？

小明说："如果我不知道的话，小强肯定也不知道。"

小强说："本来我也不知道，但是现在我知道了。"

小明说："哦，那我也知道了。"
请根据以上对话推断出张老师的生日是哪一天。
3月4日，3月5日，3月8日
6月4日，6月7日
9月1日，9月5日
12月1日，12月2日，12月8日

423. 找零件

张师傅带了两个徒弟：小王和小李。一天，张师傅想看看他们两人谁更聪明一点，于是，他将两个徒弟带进仓库，里面有以下 11 种规格的零件：

8:10；8:20；10:25；10:30；10:35；12:30；14:40；16:30；16:40；16:45；18:40。

这里需要说明的是，":"前的数字表示零件的长度，":"后的数字表示零件的直径，单位都是 mm。

他把徒弟小王、小李叫到跟前，告诉他们："我将把我所需要的零件的长度和直径分别告诉你们，看你们谁能最先挑出我要的那个零件。"于是，他悄悄地把这个零件的长度告诉了徒弟小王，把直径告诉了徒弟小李。

徒弟小王和徒弟小李都沉默了一阵。

徒弟小王说："我不知道是哪个零件。"

徒弟小李说："我也不知道是哪个。"

随即徒弟小王说："现在我知道了。"

徒弟小李说："那我也知道了。"

然后，他们同时走向一个零件。张师傅看后，高兴地笑了，原来那个零件正是自己需要的那一个。

你知道张师傅要的零件是哪个吗？

424. 猜字母

甲先生对乙先生说自己会读心术，乙不相信，于是两人开始实验。

甲先生说："那我们来猜字母吧。你从 26 个英文字母中随便想 1 个，记在心里。"

乙先生："嗯，想好了。"

甲先生："现在我要问你几个问题，你如实回答就可以了。"

乙先生："好的，请问吧。"

甲先生："你想的那个字母在 carthorse 这个词中吗？"

乙先生："是的。"

甲先生："在 senatorial 这个词中吗？"

乙先生："不在。"

甲先生："在 indeterminables 这个词中吗？"

乙先生："是的。"

甲先生："在 realisation 这个词中吗？"

乙先生："是的。"

甲先生："在 orchestra 这个词中吗？"

乙先生："不在。"

甲先生："在 disestablishmentarianism 中吗？"

乙先生："是的。"

甲先生："我知道，你的回答有些是谎话，不过没关系，但你得告诉我，你上面的6个回答中，有几个是真实的。"

乙先生："3个。"

甲先生："行了，我已经知道你心中想的字母是什么了。"

说完甲说出一个字母，正是乙心里想的那个。

问：乙先生心中所想的字母是什么？甲先生是如何猜出来的？

425. 求数字

五个一位整数之和为30，其中一个是1，一个是8，而这五个数的乘积是2520。你能说出余下的是哪三个数吗？

426. 神奇数表

有如下所示的五张表，你在心里想一个数，这个数不能超过 31。请你指出，你想的这个数，哪个表中有，那么我就会知道你想的数是多少。

这个表是怎么制出来的？

1	9	17	25
3	11	19	27
5	13	21	29
7	15	23	31

A

2	10	18	26
3	11	19	27
6	14	22	30
2	15	23	31

B

4	12	20	28
5	13	21	29
6	14	22	30
7	15	23	31

C

8	12	24	28
9	13	25	29
10	14	26	30
11	15	27	31

D

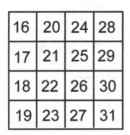

E

427. 猜单双

周末的晚上,爸爸陪小明玩猜单双的游戏。爸爸先交给小明 5 根火柴,让他藏在背后,分成两只手拿着。然后爸爸要求小明把左手的火柴数乘以 2,右手的火柴数乘以 3,然后把两个积相加。小明算出结果为 14。爸爸马上猜出小明左手拿的火柴数是单数,右手拿的火柴数是双数。

问:你知道爸爸是怎么猜出来的吗?

428. 猜数字(1)

放学后,小明回到家中,和爸爸玩起了一个很好玩的猜数字游戏。爸爸从 1~1024 中任意选择一个整数,记在心中。然后如实回答小明提出的 10 个问题,小明总能猜出爸爸想的数字是什么。你知道这 10 个问题是如何设计的吗?

429. 猜数字(2)

有一个整数数字,它在 1~36 之间;它是个奇数,可以被 3 整除;个位数与十位数相加的和在 4~8 之间;个位数与十位数相乘的积也在 4~8 之间。

问:你知道这个数字是几吗?

430. 猜数字(3)

有一个数字,去掉第一个数是 16,去掉最后一个数是 90。

问:这个数字是什么?

431. 奇妙的数列

下面这个数列很奇妙,需要注意的是最后一个圆圈里,确实是"7"而不是"8"。你能找出它的规律吗?并说出问号代表的数字。

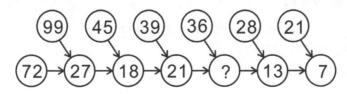

432. 奇怪的样子

请根据下面图中数字的样子，猜一猜，数字6应该是什么样子的。

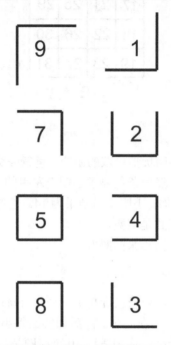

433. 猜数字

老师在一张纸上写了四个数字，对甲、乙、丙、丁四位同学说："你们四位是班上最聪明，最会推理、演算的学生。今天，我出一道题考考你们。我手中的纸条上写了四个数字，这四个数字是1、2、3、4、5、6、7、8中的任意四个。你们先猜猜各是哪四个数字。"

甲说：2、3、4、5。

乙说：1、3、4、8。

丙说：1、2、7、8。

丁说：1、4、6、7。

听了四人猜的结果后，老师说："甲和丙两位同学猜对了2个数字，乙和丁两位同学只猜对了1个数字。"你能推导出纸条上写了哪几个数字吗？

434. 猜明星的年龄

甲、乙、丙、丁四个人在议论一位明星的年龄。

甲说：她不会超过25岁；

乙说：她不超过30岁；

丙说：她绝对在 35 岁以上；

丁说：她的岁数在 40 岁以下。

实际上只有一个人说对了。

那么下列正确的是(　　)。

A.甲说得对

B.她的年龄在 40 岁以上

C.她的岁数在 35～40 岁之间

D.丁说得对

435. 猜颜色

有五个外表一样的药瓶，里边分别装有红、黄、蓝、绿、黑五色的药丸，现在由甲、乙、丙、丁、戊五个人来猜药丸的颜色。

甲说：第二瓶是蓝色，第三瓶是黑色；

乙说：第二瓶是绿色，第四瓶是红色；

丙说：第一瓶是红色，第五瓶是黄色；

丁说：第三瓶是绿色，第四瓶是黄色；

戊说：第二瓶是黑色，第五瓶是蓝色。

事实上，五个人都只猜对了一瓶，并且每人猜对的颜色都不相同。

问：每瓶分别装了什么颜色的药丸？

436. 手心的名字

春游的时候，老师带着四名学生 A、B、C、D 一起做猜名字的游戏。游戏很简单：

首先，老师在自己的手上用圆珠笔写了四个人中的一个人的名字。

然后他握紧手，在此过程中，不要让四名学生中的任何一个人看到。

最后，老师对他们四人说："我在手上写了你们四个人中一个人的名字，猜猜我写了谁的名字。"

A 回答说：是 C 的名字；

B 回答说：不是我的名字；

C 回答说：不是我的名字；

D 回答说：是 A 的名字。

四名学生猜完之后，老师说："你们四人中只有一个人猜对了，其他三个人都猜错了。"

四人听了以后，都很快猜出老师手中写的是谁的名字了。

问：你知道老师手中写的是谁的名字吗？

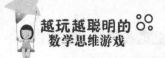

437. 五个人的年龄

甲、乙两位数学老师同路回家，路上遇到甲老师的三位邻居，甲老师对乙老师说："这三位邻居年龄的乘积是 2450，他们的年龄之和是你的 2 倍，请你猜猜他们的年龄。"乙老师思考了一阵说："不对，还差一个条件。"甲老师也思考了一阵："对，的确还差一个条件，这个条件就是他们的年龄都比我小。"

问：这五个人的年龄各是多少？

438. 猜一猜小张的生日

1993 年的某一天，是小张的生日，并且他此时的年龄正好是他出生年份的 4 个数之和。你能推算出小张是哪一年出生的吗？

439. 有趣的组合

幼儿园有 10 个小朋友，老师让他们每人从 0～9 这 10 个数字中拿一个数字。拿完之后，小朋友分成了两拨：一边有 4 个、一边有 6 个。老师看了之后，兴奋地说："太巧了。四个小朋友可以组成一个四位数，正好是某个两位数的 3 次方；而另外 6 个小朋友组成的六位数，是这个数的 4 次方。"你能猜出这个两位数是多少吗？

440. 猜出你偷走的数字

首先把 2012 年 12 月 21 日的年月日列在一起组成一个八位数 20121221，然后把你自己的生日也按照这个格式组成一个八位数，假设是 1970 年 7 月 7 日出生，这个数字就是 19700707。接下来，用 20121221 减去你的生日得到一个新数，20121221－19700707＝421414，不妨把这个新数字称为玛雅数字。

接下来，我们把玛雅数字倒着写一遍，421414 反过来就是 414124。之后把正着写的玛雅数字和倒着写的玛雅数字相减，大的减小的，得到 421414－414124＝7290。

此时你可以从这个结果中的数字里挑选一个你喜欢的数字(0 除外)，把它偷走。比如 2，然后把剩下的数字相加之和(7＋9＋0＝16)告诉我。

整个过程中我都不知道你的生日是哪天，也不知道你的玛雅数字是什么。但只是因为 2012 年 12 月 21 日是不寻常的一天，20121221 是个不寻常的数字，所以当你报出剩下的数字之和时，全世界当然也包括我都知道你把哪个数字偷走了。

不论观众有多少位，只要按照以上的步骤来演示，只要诚心，都可以依靠 2012 的魔力，在玛雅人的暗示下，逐一判断出你偷走的数字是多少，一说一个准。你相信吗？ 你知道这是如何办到的吗？

441. 猜数字

已知公式：
DONALD＋GERALD＝ROBERT

以上共有 10 个字母，一一对应阿拉伯数字的 0～9，已知 D＝5，请你在 5 分钟之内计算出其余 9 个字母代表的数字。

442. 猜猜年龄

小张和小王在路上遇见了小王的三个熟人 A、B、C。

小张问小王："他们三个人今年多大？"

小王想了想说："那我就考考你吧：他们三人的年龄之和为我们两人的年龄之和，他们三人的年龄相乘等于 2450。"

小张算了算说："我还是不知道。"

小王听后笑了笑说："那我再给你一个条件：他们三人的年龄都比我们的朋友小李要小。"

小张听后说："那我知道了。"

问：小李的年龄是多少？

443. 母子的年龄

一天，华华和妈妈一起在街上走，遇见了妈妈的同事。妈妈的同事问华华今年几岁，华华说，妈妈比我大 26 岁，4 年后妈妈的年龄是我的 3 倍。

问：你能猜出华华和她妈妈今年各多少岁吗？

444. 猜一猜她的年龄

小陈的岁数有如下特点：

(1) 它的 3 次方是一个四位数，而 4 次方是一个六位数；

(2) 这四位数和六位数的各位数字正好是 0～9 这十个数字。

问：她今年多少岁？

445. 老师的儿子

一个老师有 3 个儿子，3 个儿子的年龄加起来等于 13，3 个儿子的年龄乘起来等于老师的年龄，有一个学生知道老师的年龄，但仍不能确定老师 3 个儿子的年龄，这时老师说只有 1 个儿子在托儿所，然后这个学生就知道了老师 3 个儿子的年龄。

问：这 3 个儿子的年龄分别是多少？为什么？

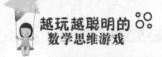

446. 猜年龄

小张在一所学校当老师,最近学校新进两名同事小李和老王。小张想知道小李的年龄。小李喜欢开玩笑,于是对小张说:"想知道我的年龄并不难,你猜猜看吧!我的年龄和老王的年龄合起来是 48 岁,老王现在的年龄是我过去某一年的年龄的 2 倍;在过去的那一年,老王的年龄又是将来某一年我的年龄的一半;而到将来的那一年,我的年龄将是老王过去当他的年龄是我的年龄 3 倍时的年龄的 3 倍。你能算出来我现在多少岁了吗?"

问:小张被绕糊涂了,你能帮他算出来小李现在的年龄吗?

447. 聪明程度

1987 年的某一天,伦敦《金融时报》刊登了一个很怪异的竞赛广告。这个广告要求参与者寄回一个 0~100 之间的整数,获胜条件是你选择的这个数,最接近全体参与者寄回的所有数的平均值的 2/3。获胜者将获得两张伦敦到纽约的飞机头等舱的往返机票。

问:如果你是这个竞赛的参与者,你会选哪个数?

448. 教授有几个孩子

一天,一位数学教授去同事家做客。他们坐在窗前聊天,从庭院中传来一大群孩子的嬉笑声。

客人就问:"您有几个孩子?"

主人:"那些孩子不全是我的,那是四家人家的孩子。我的孩子最多,弟弟的其次,妹妹的再次,叔叔的孩子最少。他们吵闹成一团,因为他们不能按每队九人凑成两队。可也真巧,如果把我们这四家孩子的数目相乘,其积数正好是我们房子的门牌号,这个号码您是知道的。"

客人:"让我来试试把每一家孩子的数目算出来。不过要解这个问题,已知数据还不够。请告诉我:您叔叔的孩子是一个呢,还是不止一个?"

于是主人回答了这个问题。客人听后,很快就准确地计算出了每家孩子的数目。你在不知道主人家门牌号码和他叔叔家是否只有一个孩子的情况下,能否算出这道题?

449. 三个班级

小明的学校举行了一场运动会。在其中的一个比赛项目中,包括小明一共有 12 个学生参加。他们来自 A、B、C 三个不同的班级,每 4 个学生同属一个班级。有意思的是,这 12 个学生的年龄各不相同,但都不超过 13 岁。换句话说,在 1~13 这十三个数字中,除了某个数字外,其余的数字都恰好是某个学生的年龄。而且,小明的年龄最大。如果把每个班级的学生的年龄加起来,可以得到以下的结果:

班级 A：年龄总数为 41，包括一个 12 岁的学生；
班级 B：年龄总数为 22，包括一个 5 岁的学生；
班级 C：年龄总数为 21，包括一个 4 岁的学生。
而且，只有班级 A 中有 2 个学生只相差 1 岁。
问：小明属于哪个班级？每个班级中的学生各是多大？

450. 抽卡片

有 24 张卡片，上面分别写着 1~24 这 24 个数。

有甲乙二人，按以下规则选取卡片：轮流选取一张卡片，然后在数字前加一个正负号。卡片全部抽完后将这 24 个数相加会得到其和，设为 S。

甲先开始，他选取卡片和添加符号的目的是使 S 的绝对值尽量小；乙的目的则和他相反，是使 S 的绝对值尽量大。

问：假如二人足够聪明，那么最后得到的 S 其绝对值是多少？

答案

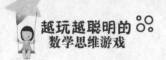

1. 摘了多少桃子

一共有 5 位神仙分走了小猴子的桃。

最后剩下 1 个桃，则遇到最后一位神仙时还有 $(1+1)\times 2=4$(个)；

遇到第四个神仙时有 $(4+1)\times 2=10$(个)；

遇到第三个神仙时有 $(10+1)\times 2=22$(个)；

遇到第二个神仙时有 $(22+1)\times 2=46$(个)；

最开始有 $(46+1)\times 2=94$(个)。

所以小猴子原来有 94 个桃。

2. 好心人与乞丐

倒着推就很容易能够算出来了。

第三次给钱之前的金额：$(1+3)\times 2=8$(元)

第二次给钱之前的金额：$(8+2)\times 2=20$(元)

第一次给钱之前的金额：$(20+1)\times 2=42$(元)

所以，他原来口袋里一共有 42 元钱。

3. 新款服装

服装店现在的售价比原价低了。因为如果原价为 100%，涨价到了 110%，降价是按涨价后的 110%降的价，降价后的价格为 110%×90%=99%。

4. 鸡的重量

设大的 x 斤，单价为 y 元/斤，则小的 $20-x$ 斤，单价为 $y+2$ 元/斤。

$xy=32$

$(20-x)(y+2)=16$

解得：$x=16$

所以，大的 16 斤，小的 4 斤。

5. 不可能的赏赐

8×8 一共有 64 个格，总数相当于 $2^{64}-1=18446744073709551615$(粒)。

6. 保险柜

最大的尝试次数可以这样计算：$9+8+7+6+5+4+3+2+1=45$(次)。

7. 服装店老板的困惑

他赔了 60 元。

设两件衣服分别为甲、乙，买甲花了 A 元，乙花了 B 元，那么，A(1+50%)=90 元，B(1-50%)=90 元。解得：A=60 元，B=180 元，A+B=240 元，因此赔了 60 元。

8. 指针的角度

从几点开始计算,角度都是一样的。我们为了简便,从 0 点开始。这样分针转到 3 的位置,转了 90 度。时针转了 7 个格加上 3/12 个格,每个格 30 度,一共是 217.5 度。

9. 枪支弹药

这是个集合问题。

既有枪又有弹药的:$140+160-(200-20)=120$;

只有枪的:$140-120=20$;

只有弹药的:$160-120=40$。

10. 七珠项链

有三种不同的项链。不同的项链可以由两颗绿色珠子之间的红色珠子的数目来表示:0 个、1 个或 2 个(3 个和 2 个是一样的)。

11. 多学科竞赛

考虑三人得的总分,有方程:

$$M(X+Y+Z)=22+9+9=40 \quad ①$$
$$X+Y+Z\geqslant 1+2+3=6 \quad ②$$

所以 $6M\leqslant M(X+Y+Z)=40$,从而 $M\leqslant 6$。

由题设可知,至少有数学科目和英语科目两个科目,从而 $M\geqslant 2$。

又 M 可以被 40 整除,所以 M 可取 2、4、5。

考虑 $M=2$,则只有英语科目和数学科目,而乙数学科目第一,但总分仅 9 分,故必有:$9\geqslant X+Z$,$X\leqslant 8$,这样甲不可能得 22 分。

若 $M=4$,由乙可知:$9\geqslant X+3Z$,又 $Z\geqslant 1$,所以 $X\leqslant 6$,若 $X\leqslant 5$,那么四项最多得 20 分,甲就不可能得 22 分,故 $X=6$。

因为 $4(X+Y+Z)=40$,∴$Y+Z=4$。

故有:$Y=3$,$Z=1$,甲最多得 3 个第一,1 个第二,一共得分 $3\times 6+3=21<22$,矛盾。

若 $M=5$,这时由 $5(X+Y+Z)=40$,得:

$X+Y+Z=8$。若 $Z\geqslant 2$,则:

$X+Y+Z\geqslant 4+3+2=9$,矛盾,故 $Z=1$。

又 X 必须大于或等于 5,否则,甲 5 次最高只能得 20 分,与题设矛盾,所以 $X\geqslant 5$。

若 $X\geqslant 6$,则 $Y+Z\leqslant 2$,这也与题设矛盾,所以 $X=5$,$Y+Z=3$,即 $Y=2$,$Z=1$。

甲$=22=4\times 5+2$,

故甲得了 4 个第一,1 个第二;

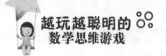

乙＝9＝5＋4×1，

故乙得了1个第一，4个第三；

丙＝9＝4×2＋1，

故丙得了4个第二，1个第三。

而在数学科目中，乙得了第一，得第三的一定是丙，因为甲没得过第三名，也就是说甲的那个第二名是数学科目。

所以英语科目中得了第二名的一定是丙。

12. 销售收入

5346元，干销售10个月后，一共得到63810元。

解题过程：可以把每个月得到的工资看成一个等差数列，公差是230，首项是$(5000+a)$，n个星期得到的63810元就是总和。从而得到：$n(5000+a)+230n(n-1)/2=63810$(元)。

这个方程里面有两个未知数，并且都有如下限制：n和a都必须是自然数，a还不可以大于1000。由此可以得出$a=346$。则这个人做公务员时每月的工资：5000+346=5346(元)。

13. 乘车

因为1路车过后1分钟，2路车就会到达，而2路车过后要9分钟，1路车才能来。如果小明的妈妈在1路车刚走的时间到达车站，她会坐2路车，这有1分钟的时间；如果在2路车刚走的时间到达车站，她会坐1路车，这有9分钟的时间。所以她坐1路车和2路车的概率比为9∶1，所以坐1路车要比2路车多得多。

14. 猜字母

M。按照字母表的顺序，从字母A开始，顺时针方向，每两个字母之间均间隔三个字母。

15. 四瓶啤酒

将一只瓶子的瓶口朝下，让四只瓶子的瓶口成一个正四面体。

注：要解决这道题，关键要由平面想到立体，由一般的顺着放想到倒着放。

16. 矩形和球

当一个球滚动一周时，它平移的距离等于它的周长。长方形的周长等于圆周长的12倍，意味着外面的球沿长方形的边滚了12圈。而在每一个角上它还要滚上1/4圈。所以它总共滚了13圈。

而里面的球滚过的距离等于周长的12倍减去其半径的8倍。半径等于周长除以2π。所以它滚过的圈数为$12-(4/\pi)$，大约为10.7圈。

17. 跳跃魔术

你可能会想，最后一张牌停在哪个位置有很多种可能性，最起码倒数的十张牌都有可能，估计不会这么巧我的最后一张牌正好和朋友的完全一样，十有八九是我赢。但是实际情况是，你的朋友是聪明的，十有八九要输的不是他，而是你。

我们先来看一个例子。假设你选了从第一张牌开始，是梅花 Q，按照规则向前走一步。第二张是方片 5，你的朋友刚刚翻过的，到这里，你应该猜得到，游戏不需要再进行下去了，你已经输了，因为在这之后，你会完全重复你朋友翻牌的路径，最后也终止于红桃 5。你或许会说，我应该不会这么不幸吧，我翻开的第二张牌正好是我朋友翻过的。要是我不从第一张牌开始，从第三张牌、第四张牌、第十张牌开始，情况还会如此吗？是的，你翻开的第二张牌不是你朋友翻过的牌的可能性还是很大的，可是以后的翻牌过程中只要有任意一张在你朋友走过的路径上，你就输定了。尽管对于翻开的某一个单张牌"中招"的概率不是很大，可是连续翻很多张牌都不"中招"就并非易事了。

我们可以粗略估计一下你取胜的可能性。首先，由于 J、Q、K 都按 1 算，52 张牌的数字平均大小小于 5，暂且按 5 计算，那么你从头走到尾，平均要翻十张牌。然后，对于这十张牌，每一张的数字可能为 1～10 中任意一个，有十种可能性，如果这张牌的数字"大小合适"，翻开的下一张牌就会落入朋友的陷阱，按照这张牌前面十张牌中平均只有一张是你朋友翻过的算(实际因为有很多张"1"，十张牌中会出现多于一张的"危险牌")，那么你一次生还的概率是 9/10，最后，你久经考验，到了最后一张牌仍然和你朋友的红桃 5 不重合的可能性就是 9/10 的 10 次方，只有 35%。而如果考虑了"1"牌的因素，用更精确的方法计算的结果为 15%左右，你朋友在这场赌局中有 85%的获胜概率。也就是说，你的最后一张牌和你朋友的最后一张牌在大多数情况下会是一样的。

18. 倒卖自行车

这个问题没有准确的答案，除非知道商人买这辆自行车时用了多少钱。

分析一下整个交易的过程，我们就会发现：到最后，商人失去了一辆自行车，得到了 55 元。

假如这个自行车值 40 元，那么这个商人就赚了 15 元；假如这个自行车值 50 元，那么这个商人就赚了 5 块钱；假如这个自行车值 45 元，那么这个商人就赚了 10 元。

题目中之所以得到三种不同的结论，也是因为他们各自把自行车的初始价格人为地分别定为了 40 元、50 元、45 元。

也就是说，在不知道自行车确切价值的时候是不能确定答案的。而在问题中之所以会出现 3 个答案，是因为在第一种情况下，是按照自行车的原始价格为 40 元计算的；在第二种情况下，是按照自行车的原始价格为 50 元计算的；在第三种情况下，是按照自行车的原始价格为 45 元计算的，所以结果才会不一样。

19. 正面与反面

将这 23 枚硬币分为两堆，一堆 10 个，另一堆 13 个，然后将 10 个的那一堆所有的硬币都翻过来就可以了。其实就是取了个补数。

20. 猎人的挂钟

猎人两次经过电信局的时间分别是 9:00 和 10:00，说明他采购的时间是 1 个小时。而他全程的时间是从 6:35~10:35，一共 4 个小时。也就是说他从家走到电信局用了(4−1)/2＝1.5(小时)。到达电信局的准确时间是 9:00，所以出发的时间应该是 7:30，到家的时间应该是 11:30。

21. 饮料促销

答案为 18 瓶。

先买 18 瓶，喝完之后，用 18 个空瓶子可以换 6 瓶饮料，这样就有 18＋6＝24 个人喝到饮料了，然后，再用 6 个空瓶子换 2 瓶饮料，喝到饮料的人有 24＋2＝26 个。向小店借 1 个空瓶子，加上剩下的 2 个空瓶子，换 1 瓶饮料给第 27 个人，喝完后，再把最后 1 个瓶子还给小店。

22. 巧抓乒乓球

先拿 4 个，之后他拿 $n(1 \leqslant n \leqslant 5)$ 个，你就拿 $6-n(1 \leqslant n \leqslant 5)$ 个，每一轮都是这样，保证你能得到第 100 个乒乓球。

策略如下：

(1) 我们不妨逆向推理，如果只剩 6 个乒乓球，让对方先拿球，你一定能拿到第 6 个乒乓球。

理由是：如果他拿 1 个，你拿 5 个；

如果他拿 2 个，你拿 4 个；

如果他拿 3 个，你拿 3 个；

如果他拿 4 个，你拿 2 个；

如果他拿 5 个，你拿 1 个。

(2) 我们再把 100 个乒乓球从后向前按组分开，6 个乒乓球一组。100 不能被 6 整除，这样就分成 17 组。第 1 组 4 个，后 16 组每组 6 个。

(3) 自己先把第 1 组 4 个拿完，后 16 组每组都让对方先拿球，自己拿完剩下的。这样你就能拿到第 16 组的最后一个，即第 100 个乒乓球。

23. 沙漏计时器

让两个计时器同时开始漏沙子。当 3 分钟那个漏完后，立即把它颠倒过来；4 分钟的那个漏完后，再次把 3 分钟的那个颠倒回来。这时 3 分钟的那个里正好漏下 1 分钟的沙子，还剩下 2 分钟。等这个沙漏里的沙子漏完后，就正好是 5 分钟了。

24. 滚动的硬币

硬币要滚过两个周长(在每个固定的硬币上滚 1/3 圈)，所以共转了 4 圈。最后箭头仍然向上。

25. 父亲节的玫瑰花

因为大女儿送的花束中，黄色的花比其余三种颜色的花加起来还要多，所以黄色只能有 5 朵，其他颜色各 1 朵。老大的花束已经确定。又因为每种颜色的花数量总和一样，也就是说，每种颜色的花都是 10 朵。大女儿送的黄花已经有 5 朵了，其他人只能分别为 1、1、1、2。

因为二女儿送的花束中，粉色的花比其余任何一种颜色的花都少，那么粉色的花只能 1 朵(如果有 2 朵，总数就会超出 8 朵)。剩下的 7 朵只能是 2、2、3(其中黄花 2 朵，且可以确定三女儿、四女儿、五女儿送的黄花各为 1 朵)。

因为三女儿送的花束中，黄色花和白色花之和与粉色花和红色花之和相等。所以黄+白=粉+红=4 朵。白花 3 朵。四女儿送的花束中，白色花是红色花的两倍。假如四女儿的红花为 2 朵，则白花为 4 朵，那么粉花只能是 1 朵。则三女儿和小女儿的粉花之和为 7，即至少有一个是 4 或以上，这样会使她们都超过 8 朵，矛盾，所以四女儿的红花只能是 1 朵，白花 2 朵，粉花 4 朵。这样就可以得到答案了。

五个女儿们所送的花束中，各色花朵的数量如下：

	黄	粉	白	红
大女儿	5	1	1	1
二女儿	2	1	3	2
三女儿	1	1	3	3
四女儿	1	4	2	1
小女儿	1	3	1	3

26. 猜牌术

这是一个利用数学中的恒等变换原理设计的魔术。必须记住：一是每堆牌的开始的张数必须相等。二是第 3 次从第 1 堆牌中移去现在和第 2 堆牌中相等的牌数。在本例中的数学式为 $4\times2+8+5=21$(张)。

27. 人名的加法

526485+197485=723970

G=1，O=2，B=3，A=4，D=5，N=6，R=7，L=8，E=9，T=0。

步骤：

首先 D=5，得到 T=0。

∵2L+1=R，

∴R 是奇数，

∵D=5，D+G=R

→R=7 或 R=9

∵O+E=0

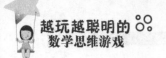

→E=0 或 E=9

∵T=0

∴E=9，R=7，G=1

∵2L+1=R

→L=3 或 L=8

∵E=9，2A+1=E

→L=8，A=4

剩下 N、B、O 还未确定，即 2、3、6 未知。

N+7=B 或 N+7=B+10→B=3，N=6，O=2。

28. 填空格

这张图里的 3 种图案排列，是从右上角开始的由外到里形成一个逆时针旋涡状"猫—鱼—瓶"的循环，所以问号代表"瓶"。

29. 转硬币

两周。

因为要绕内侧硬币一周，外侧硬币的圆心其实是走了两倍硬币周长的距离。大家可以亲身实践一下。

30. 立方体网格

只有第 3、5、7 可以组成立方体。

31. 分田地

经过计算可以知道 $30^2+40^2=900+1600=2500=50^2$，由此可见，最大一块儿地的面积正好是另外两块儿地的面积之和。所以，最简单的方法：将最大的一块儿地给一个农民，另外两块儿给另一户。

32. 水与水蒸气

假设有 1 升水，体积增加了 10 倍，就是变成了 11 升。所以这些水蒸气再变回水，会变成 11 升的 1/11。

33. 起起落落

如果原价为 100%，先降价降到 85%，然后再按降价后的 85%，涨价 15%，就变成了 85%×(1+15%)=97.75%。比最开始低了。

34. 工厂车间

不会，还是甲原料先到。因为 1 号皮带和 2 号皮带的速度之比为 10：9。当甲向前走了 110 米时，乙走了 100 米，两原料需要的时间之比为 (11/10)：(10/9)=99：100。所以还是甲原料先到。

35. 卖金鱼

每种各进了 140 条。可以很容易地求出：如果每条黄尾金鱼 2 元，每条红尾金鱼 5 元，放在一起，每条应该是 3.5 元。但如果 20 元 7 条金鱼，那么每条 20/7 元，每条金鱼损失了 3.5－20/7＝9/14(元)。现在损失了 180 元，所以一共有 180÷9/14＝280(条)。每种 140 条。

36. 冰棍的价格

5 元，女友没有钱。

可以列方程解答：设冰棍一根 x 元，阿聪有 $x-0.01$ 元，女友有 $x-5$ 元。$x-5+x-0.01<x$ 且 $x-1\geqslant 0$，$x-0.01\geqslant 0$。

解得 $5\leqslant x<5.01$，所以只有 $x=5$。

37. 用人的报酬

第 30 天的报酬是：$2^{16}-1=1073741823$(颗)。

38. 三张组合

因为有 5 种大小，每种大小有 3 张，所以：

(1) 抽出的 3 张大小各不相同：C(5, 3)＝10 种；

(2) 抽出的 3 张有两张相同：P(5, 2)＝20 种；

(3) 抽出的 3 张大小相同：C(5, 1)＝5 种。

所以 3 张牌的大小组合共有 35 种可能。

39. 花色组合

因为一共有 3 种花色，所以：

四张牌同一种花色：C(3, 1)＝3(种)；

两张牌一种花色，另两张另一种花色：C(3, 2)＝3(种)；

一张牌一种花色，另三张另一种花色：P(3, 2)＝6(种)；

四张牌三种花色：C(3, 1)＝3(种)。

所以 4 张牌的花色组合共有 15 种可能。

40. 三重 JQK

先看个位数，J＋Q＋K 的结果个位是 K，就是说 J＋Q＝10。又因为 JJJ、QQQ、KKK 三个数加起来不可能大于 3000，所以 J 是 1 或 2，那么 Q 是 9 或 8。

假设 J＝1，111＋999＋KKK＝1110＋KKK＝199K。看百位和十位，因为 1＋K＝9，所以 K＝8。

假设 J＝2，222＋888＋KKK＝1110＋KKK＝288K。看千位，因为是 2，所以 K 只能是 9。但 1110＋999≠2889，所以不成立。

因此，J＝1，Q＝9，K＝8。

41. 尾巴搬上脑袋

设 6 张扑克的前五张组合成的五位数是 a，第六张扑克是 b，则组合出来的六位数是 $10a+b$，并且满足 $(10a+b)\times 4=a+100000b$。将此式简化后得到 $a=2564b$。

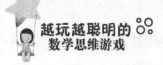

因为 a 是五位数，所以 b 最小是 4，最大是 9。将 b 的可能取值一个个代入并去掉含有数字 0 的取值(因为扑克牌里没有 0)，即可得到另一个满足题设的六位数：179487×4＝717948。

42. 抽牌概率(1)

第一张抽到鬼牌的概率是 1/53，第二张是 A 的概率是 4/52，第三张是 A 的概率是 3/51，第四张是 A 的概率是 2/50，第五张是 A 的概率是 1/49。因此，先抽到鬼后再把 4 张 A 抽出的概率是(1×4×3×2×1)/(53×52×51×50×49)＝1/14348225。

43. 抽牌概率(2)

52 张牌取出 5 张牌共有(52×51×50×49×48)/(5×4×3×2×1)＝2598960 种组合。其中能组成同花顺的共有 32 种组合。所以抽到同花顺的概率是 32/2598960＝2/162435。

44. 抽牌概率(3)

一共 40 张牌，从中抽 6 张牌，一共有 C(40，6)＝3838380 种可能。

(1) 6 张中至少有 3 张 A 的可能如下。

4 张 A＋2 张其他：4 张 A 固定了，而 2 张其他牌可以有 C(36，2)＝630 种可能；

3 张 A＋3 张其他：C(4，3)×C(36，3)＝28560 种可能。

所以概率是：29190/3838380≈0.76%。

(2) 6 张中 A、2、3 至少各有 1 张的可能如下。

三种各 1 张＋3 张其他：4×4×4×C(28，3)＝209664 种；

一种有 2 张＋2 张其他：4×4×C(4，2)×P(3，1)×C(28，2)＝108864 种；

一种有 3 张＋1 张其他：4×4×C(4，3)×P(3，1)×C(28，1)＝5376 种；

两种有 2 张＋1 张其他：4×C(4，2)×C(4，2)×P(3，1)×C(28，1)＝12096 种；

一种有 4 张：4×4×P(3，1)＝48 种；

一种有 2 张、一种有 3 张：4×C(4，2)×C(4，3)×P(3，2)＝576 种；

三种各 2 张：C(4，2)×C(4，2)×C(4，2)＝216 种。

所以概率是 336840/3838380≈8.78%。

45. 牌色概率

甲抽到红桃而乙看正确的概率是：30%×80%＝24%。

甲抽到红桃而乙看错的概率是：30%×20%＝6%。

甲抽到黑桃而乙看正确的概率是：70%×80%＝56%。

甲抽到黑桃而乙看错的概率是：70%×20%＝14%。

其中"甲抽到红桃而乙看错"和"甲抽到黑桃而乙看正确"这两种会导致题中的乙认为甲抽到黑桃。所以甲抽到的确实是黑桃的概率是 56/(6＋56)＝90.3%。

46. 分苹果

在帮丙必须打扫的 3 天中，甲打扫 2 天，即 2/3；乙打扫 1 天，即 1/3。因此，甲家得 6 斤苹果，乙家得 3 斤苹果。

47. 午餐分钱

因为 3 人吃了 8 块饼，其中，约克带了 3 块饼，汤姆带了 5 块饼。约克吃了其中的 1/3，即 8/3 块，路人吃了约克带的饼中的 3－8/3＝1/3；汤姆也吃了 8/3，路人吃了他带的饼中的 5－8/3＝7/3。这样，路人所吃的 8/3 块饼中，有约克的 1/3，汤姆的 7/3。路人所吃的饼中，属于汤姆的是属于约克的 7 倍。因此，对于这 8 个金币，公平的分法是：约克得 1 个金币，汤姆得 7 个金币。

48. 查账

那个数是 170。如果是小数点的错，账上多出的钱数是实收的 9 倍。所以 153÷9＝17(元)，那么错账应该是 17 的 10 倍。找到 170 元改成 17 元就行了。

49. 扑克牌的顺序

按照上面的洗牌规则，假设原来排在第 x 张的牌经过一次洗牌后会排在第 y 张，由题意可知：

当 $1 \leq x \leq 26$ 时，$y = 2x - 1$；

当 $52 \geq x \geq 27$ 时，$y = 2x - 52$。

跟踪每一张牌在各次洗牌后的位置，我们可以发现每次洗牌后都会出现以下几个不变的规律：

(1) 原来编号为 1 和 52 的两张牌的位置是一直不变的，1 号在最下面，52 号在最上面；

(2) 原来的第 18 号、第 35 号两张牌的位置是不停互换的，即洗一次会让 35 在前面，洗 2 次则 18 在前面，也就是说，如果洗的次数是偶数次，那么编号为 18 的牌仍然在第 18 位，编号为 35 的牌仍然在第 35 位；

(3) 其余的 48 张牌以 8 张为一组，各自在组内以 8 次洗牌为一个循环。

所以，这副牌在洗 8 次牌后就会回到初始状态。

大家可以拿出一副扑克牌自己试一下，如果你没有那么好的洗牌技术，则可以从两叠牌中一张一张按顺序取牌，也可以达到洗牌的效果。

50. 运动员和乌龟赛跑

显而易见，运动员当然会超过乌龟，这是我们的常识。

但是从逻辑上讲，这个问题的错误在于：人们把阿基里斯追赶乌龟的路程任意地分割成无穷多段，而且认为，要走完这无穷多段路程，就非要无限长的时间不可。

其实并不是这样，因为这被分割的无限多段路程，加起来还是那个常数而已。

要确定具体的超越点也是很容易的。

可以设乌龟跑了 s 千米后可以被追上，此时运动员跑了 $s＋12$ 千米。

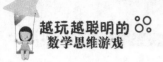

则 $(s+12)/s = 12/1$，

解得 $s = 12/11$(千米)。

这些哲学谜题在中国古代也有，例如"一尺之棰，日取其半，万世不竭"，是讲一根棍棒，每天用掉一半，那么永远也用不完。但是我们要注意物质和空间是不同的，空间的无限分割更复杂。根据当代物理学原理，物质的无限分割有两方面，一方面是宏观物质不能无限分割，分割到分子或者原子的时候，物质就不能保持自身了。但是从物质起源看，到目前仍然不了解物质无限分割的界限，这是物理学上有关物质结构的问题。

51. 砌高墙

72 天。这个高墙的长是第一个的 3 倍，高是第一个的 3 倍，厚是 2 倍，那么体积是第一个的 18 倍，干活的人数又是第一个的 1/4，所以需要的时间是 $1×18×4=72$(天)。

52. 发家致富

两面相同的概率是 1/3。三个硬币中取两枚放桌上，一共有 12 种可能情况，朝上的面相同的情况有 4 种。这个摆摊的人有 1/3 概率输 3 元，但有 2/3 概率赢 2 元，所以从长远来看，每三把他可以赢 1 元钱。如果这个赌博可以无限次持续下去的话，理论上，他能发家致富。

53. 分枣

一共有 8 个小朋友，64 颗枣。为什么？仔细想想，提示：从最后一个小朋友往前算。

54. 每种家禽有多少只

有三种可能：鸡、鸭、鹅的个数分别为 3 只、2 只、1 只，或 6 只、4 只、2 只，或 9 只、6 只、3 只。

55. 小明的喜好

因为他喜欢平方数。

56. 打字速度

还是需要 2 个小时。

因为两名打字员打两页书稿需要 2 个小时，也就是每人打一页书稿，需要 2 个小时。

而 18 名打字员打 18 页书稿，仍然是每人打一页书稿，还是需要 2 个小时。

57. 现在几点

现在是上午 9 点。两个小时以后(11 点)到 12 点是 1 个小时，一个小时以后(10 点)到 12 点是 2 个小时，正好是 2 倍关系。

58. 小明的烦恼

一个男孩和一个女孩有两种情况：兄妹或者姐弟，所以生两个男孩的概率是 1/4。

59. 奇数还是偶数

共有 6 种可能出现的偶数情况：2、4、6、8、10 和 12，以及 5 种可能的奇数情况：3、5、7、9 和 11。尽管如此，下表显示，共有 18 种可能得到偶数，18 种可能得到奇数。所以得到偶数和得到奇数的概率相等。

骰子1	1	1	1	1	1	1	2	2	2	2	2	2	3	3	3	3	3	3
骰子2	1	2	3	4	5	6	1	2	3	4	5	6	1	2	3	4	5	6
和	2	3	4	5	6	7	3	4	5	6	7	8	4	5	6	7	8	9
奇偶	偶	奇	偶	奇	偶	奇	奇	偶	奇	偶	奇	偶	偶	奇	偶	奇	偶	奇
骰子1	4	4	4	4	4	4	5	5	5	5	5	5	6	6	6	6	6	6
骰子2	1	2	3	4	5	6	1	2	3	4	5	6	1	2	3	4	5	6
和	5	6	7	8	9	10	6	7	8	9	10	11	7	8	9	10	11	12
奇偶	奇	偶	奇	偶	奇	偶	偶	奇	偶	奇	偶	奇	奇	偶	奇	偶	奇	偶

60. 写数字

需蘸 24 次墨水。只要数一下 97～105 中共有多少个数字即可。97、98、99 每个数有两个数字，后面的都是三个数字。

61. 最短路线

将立方体两个相邻的侧面展开(如下图)，A 和 B 的连线即是最短路线。

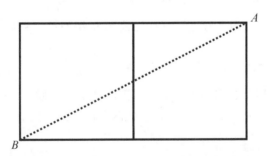

62. 散落的书页

因为在第 8 页之前有 7 页，所以在第 205 页之后一定有 7 页。这本书一共有 212 页。

63. 入学考试

30 分。6 与 3 都是 3 的倍数，不管答对几道题，最后的得分都应是 3 的倍数，

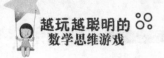

只有 30 分符合这个条件。

64. 种树

最早那 10 棵树的年龄是 24 岁,最后一批树的年龄是 3 岁,所以婧婧现在的年龄是 31 岁。

65. 汽车相遇

16 辆。因为一共有 17 辆车,除了他自己之外,他一路行驶过程中遇到了其他 16 辆车。

66. 填球体

1 个球同时最多与另外 12 个相同的球接触:中线上围 6 个,两端各放 3 个。这是同时能装下的最大数目。因此,一次能把 13 个小球塞入直径是其 3 倍的大球中。

能同时互相接触的相同小球的数目叫作"接合数"(kissing number)。与接合数有关的问题涉及许多领域,比如编码校验——使之能在多噪声的电信道上传播。

67. 迪拜塔

他们不能达成平手,从 1 层爬到 20 层一共爬了 19 层楼的台阶;从 1 层爬到 10 层共爬了 9 层台阶。所以每个人爬一层楼的时间为:10/19;5/9;20/39(即 0.5263,0.5555,0.5128)。所以史密斯的速度最快,他会第一个到达塔顶。

68. 家庭活动

这是在求三个数 3、5、6 的最小公倍数,为 30,所以至少需要 30 天,三人才能再次进行家庭活动。

69. 穿越

第 19 个年头。因为年号里没有称为公元 0 年的年,数数年头就可得到正确答案。

70. 掷骰子

不一样。虽然都有 3 组搭配,但是,掷出 7 点的时候 1~6 都能用,而掷出 8 点的时候 1 不能用,只有 2~6 可选,因此两个概率是不同的。你可以算算每个具体概率是多少。

71. 开会

在五个袋子中出现两个错误的方式有 10 种。但是出现一个错误的情况是不可能的。

72. 有问题的钟

这个题的关键是要想明白,只有两针成一直线的时候,所指的时间才是准确的。在 6 点,两针成为一直线,这是老钟表匠装配的时间。以后,每增加 1 小时 5+(5/11)

分，两针会成为一直线。7 点之后，两针成为一直线的时间是 7 点 5＋(5/11)分；8 点之后，两针成为一直线的时间是 8 点 10＋(10/11)分。

73. 两个赌徒

第一个人会赢，他点数大的次数约占全部的 55%，如下表所示。
(表中：L 表示第二个人输，W 表示第二个人赢。)

	2	4	5
1	L	L	L
3	W	L	L
6	W	W	W

也就是说，如果赌 9 次，那么第一个人会赢 5 次，第二个人只会赢 4 次。所以总体下来，第一个人会赢。

74. 奇怪的加法

她使用日历上的星期数做的加法。

75. 买桃

这是个偷换概念的问题，每人 18 元，一共 54 元，商贩得到 50 元，小明得到 4 元，54＝50＋4。不能把三人花的钱和小明的钱加起来。

76. 胚胎

99 个小时。分析：对第一种动物，我们从第二个小时看，有两个细胞，它分裂到最后形成肝脏，需要的时间就是除去最先一次分裂的时间，即 99 小时。所以，第二种动物需要 99 个小时。

77. 分配珠宝

给第一个海盗分 14 颗珠宝，第 2～11 个海盗各分 4 颗珠宝，第 12 个海盗分 46 颗珠宝，这样刚好分完 100 颗珠宝，而且每个海盗分到的珠宝数中都有一个 "4"。

78. 特别的称重

第一步，先把 10 克的砝码放在天平的一端，然后把这袋碳酸钠分开放在天平的两端使天平平衡。这时，天平两端的碳酸钠分别是 33 克和 23 克；

第二步，把 33 克粉末取下，然后仍然把 10 克的砝码放在天平的一端，然后从 23 克碳酸钠中取出一些放在天平的另一端，并使天平平衡，这时 23 克中剩下的就是 13 克；

第三步，重复第二步的动作，剩下的就是 3 克。

79. 射击比赛

条件这么多，一下子满足所有的条件有困难，我们把条件归类，逐条去满足。

首先，根据(1)、(2)、(5)三个条件，可以列出四个加数互不相同，且最大加数不超过7，总和为17的所有情况：

$1+3+6+7=17$

$1+4+5+7=17$

$2+3+5+7=17$

$2+4+5+6=17$

再根据(3)、(4)两个条件不难看出，每人4发子弹的环数分别为：

甲：1、3、6、7

乙：2、3、5、7

丙：2、4、5、6

从上面分析可以看出，甲与丙的相同环数为6。

另外还有一个简单的方法：

分别用甲1、甲2、甲3、甲4来表示甲4发子弹的环数。假设甲1、甲2和乙1、乙2相同，乙3、乙4和丙1、丙2相同。那么甲3、甲4、乙1、乙2、乙3、乙4、丙3、丙4，这8个数除了重复的那个数外，应该是从1到7。而这8个数的和是$17+17=34$。所以命中的相同环数应该是$34-(1+2+3+4+5+6+7)=6$。

80. 抽顺子

这是可能的。数学中的海尔定理保证了这种抽法必然存在。

81. 牌的张数

设甲有 x 张，乙有 y 张，丙有 z 张。

甲对乙说："真巧，如果我用6张牌换你1张，那么你的张数就是我的2倍。"

即 $2(x-5)=y+5$

丙对甲说："如果我用14张牌换你1张，那么你的张数将是我的3倍。"

即 $3(z-13)=x+13$

乙对丙说："要是我用4张牌换你1张，那么你的张数将是我的6倍。"

即 $6(y-3)=z+3$

解得：$x=11$，$y=7$，$z=21$

所以，甲有11张，乙有7张，丙有21张。

82. 抽牌概率问题

第二种方法是错的，这种方法重复计算了两张都是A的概率。

83. 扑克游戏推理

四个5和四个10都在乙手里。在普通的扑克游戏中，五张的顺子必然要包含5或10，不考虑A是大还是小，或者两者都算。

84. 数学家打牌

首先,牌总数最多为 17 张。因此可以确定的是艾伦的牌最多有 2 张,若有 3 张或 3 张以上,则其他三家至少分别有 6 张、5 张、4 张,总数大于 17 张。艾伦牌有 2 张的情况有以下几种:

保罗	约翰	琼斯	艾伦	纸上的数字
5	4	3	2	120
6	4	3	2	144
7	4	3	2	168
8	4	3	2	192
6	5	3	2	180
7	5	3	2	210
6	5	4	2	240

艾伦牌为 1 张的情况时,另外 3 人的张数相加≤16,且 3 人张数各不相同,并且 3 人张数中最小数≥2,可以列出这 3 张数相乘的积最大为 $4\times5\times7=140$(张);其次为 $3\times5\times8=4\times5\times6=120$(张);再次为 $3\times4\times9=108$(张)。此时已比上面所列最小乘积还要小,若答案在小于 108 的范围内,则不需要知道艾伦手里的牌是 1 张还是 2 张了。

所以,在知道 4 人的乘积及最小数是 1 还是 2 的情况下,如果还不能得出结论,只有在乘积为 120 时才有可能。也就是:保罗 5 张牌,约翰 4 张牌,琼斯 3 张牌,艾伦 2 张牌。

85. 花色问题

此人手中四种花色的分布是以下三种可能情况之一:

(a) 1237

(b) 1246

(c) 1345

情况(c)被排除,因为其中所有花色都不是两张牌。根据(4),情况(a)被排除,因为其中任何两种花色的张数之和都不是 6。因此,(b)是实际的花色分布情况。根据(4),其中要么有 2 张红心和 4 张黑桃,要么有 4 张红心和 2 张黑桃。根据(3),其中要么有 1 张红心和 4 张方块,要么有 4 张红心和 1 张方块。综合(4)和(3),其中一定有 4 张红心;从而一定有 2 张黑桃。

概括起来,此人手中有 4 张红心、2 张黑桃、1 张方块和 6 张梅花。

86. 排队

一共有 108 名学生。计算过程为:设人数为 m。x、y、z 为 m 被 3、5、7 除得的整数商,则可列出以下方程式:$3x=5y+3=7z+3=m$。从上式中可得:$x=5y/3$

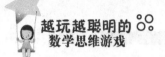

$+1$，$z=5y/7$。解得：$y=21$。故学生数为：$m=5\times 21+3=108$(名)。

87. 马和猎狗

设马跳 1 次的距离为 1 个单位距离，

则狗跳 1 次的距离为 $7/4=1.75$ 个单位距离。

在相同时间(取狗跳 6 次的时间，马跳 5 次的时间)内，

狗跳的距离为 $1.75\times 6=10.5$ 个单位距离，

马跳的距离为 $1\times 5=5$ 个单位距离，

所以，狗和马的速度比为 $10.5/5=2.1$。

设马被狗追上时，跑的总距离为 S 千米，

则追赶过程中，狗跑的距离为 S 千米，马跑的距离为 $S-5.5$ 千米，

由相同时间内，距离比等于速度比，可得方程：$S/(S-5.5)=2.1$，

解得：$S=10.5$(千米)，

所以，马一共跑了 10.5 千米，即又跑了 5 千米时，才被狗追上。

88. 算算有多少只羊

看清了题意以后，这道题的解法很简单，列方程即可。

设这群羊共有 x 只，根据题意可得：

$x+x+x/2+x/4+1=100$

解得：$x=36$

即牧羊人放牧的这群羊共有 36 只。

89. 摘草莓

设爷爷摘了 x 个。

$(70\times 7+x)/8+7=x$

解得：$x=78$

所以爷爷摘了 78 个。

90. 鸡蛋的价钱

开始时买了 x 只鸡蛋，添了两个后变成 $x+2$。

$12/x-12/(x+2)=1/12$

解得：$x=16$

所以开始时我买了 16 只鸡蛋。

91. 公主选婿

30 个。

设原有李子数为 x，则可得如下公式：$x/2+1+(x/2-1)/2+1+\{x/2-1-[(x/2-1)/2+1]\}/2+3=x$。解得 $x=30$。

92. 三个城镇

C 城的路标是正确的，B 城的路标是完全错误的。

唯一的一个相符的说法是从 A 到 C 和从 C 到 A 都是 70 里，这说明 AC 之间的距离是 70 里，而且 A、C 中一个是全对的，一个是对一半的，B 是全错的。

现在假设 A 是全对的，那么 A 到 B 的距离是 40 里，A 到 C 的距离是 70 里，则 B 到 C 的距离应该是 40 里，那样 C 也是全对的了，与题目的叙述矛盾。

所以只有 C 是完全正确的，从而得出结论。

93. 砝码数量

至少需要 5 个砝码，分别重：1 克、3 克、9 克、27 克、81 克。

砝码是可以放在天平左右两个托盘里的,等号左边代表被称物,右边代表砝码：

1＝1

2＝3－1

3＝3

4＝3＋1

5＝9－3－1

6＝9－3

7＝9－3＋1

8＝9－1

9＝9

10＝9＋1

11＝9＋3－1

……

121 之内都可以表示出来。

94. 颠3倒4

有，3＋3/3＝4。

95. 重新排列

数字填写如下：

2	5	4	3	1
5	4	3	1	2
4	1	5	2	3
1	3	2	5	4
3	2	1	4	5

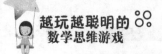

96. 魔术方阵

很简单,把原方阵各格中的数字加上 1 就行了。

3	10	5
8	6	4
7	2	9

97. 有趣的算术题

24(分)+36(分)=1(小时);
11(小时)+13(小时)=1(天);
158(天)+207(天)=1(年);
46(年)+54(年)=1(世纪);
2 减去 1 本来就等于 1。

98. 有多少个 3

共有 20 个。要注意 30～39 的范围内就有 11 个 3。或者可以这样计算:个位数是 3 的有 10 个,十位数是 3 的也有 10 个,百位数是 3 的有 0 个。一共 20 个。

99. 最后三位数是什么

只要你乘一下 625×625 就可以看出规律了,因为 625×625=390625,末尾三个数字仍然是 625,也就是说无论乘以多少个 625,最后三位数都是 625。

100. 有多少个 0

有 48 个 0。只需数一下 1～200 中末尾含有 0 和 5 的个数即可,其中 25、50、75、100、125、150、175 和 200 都会出现两个 0。

101. 算 24 点(1)

(0!+0!+0!+0!)!=24
因为 0!=1,所以 4!=4×3×2×1=24。

102. 算 24 点(2)

(5−1÷5)×5=24

103. 算术题

2000/7 余 5

25/7 余 4

16/7 余 2

所以剩下的余数为 2^{500} 的余数,因为 2−4−1−2−4−1 在交替,所以最后是 4。

或者 $2000^{2000}=(286\times7-2)^{2000}$，二项式展开，不含因子 7 的只有最后一项 2^{2000}；$2^{2000}=(14+2)^{500}$，展开后剩 2^{500}，同理继续降幂，最后就是 $2^8=256=7\times36+4$。

所以最后的余数应该是 4。

104. 公平分配

把剩下 7 个半瓶的酒中的 2 个半瓶倒入另外 2 个半瓶中。这样就是 9 个满的，3 个半满的，9 个空的。一人 3 个满的，1 个半瓶的，3 个空瓶的。

105. 曹操的难题

张辽的军队到达之前，曹操的士兵已经吃了一天的粮食了，所以，现在的粮食还够 20 万人吃 6 天。加上张辽的人马后只能吃 5 天了，这就是说张辽的人马在 5 天内吃的粮食等于曹操原来士兵 1 天吃的，所以张辽带来了 4 万人。

106. 抽屉原理

4 个。

在最差的情况下抓 3 个至少是每种颜色的彩球各 1 个，所以再多抓 1 个，也就是 4 个，那么里面一定会有 2 个是一样颜色的。这就是最简单的"抽屉原理"。

下面解释一下"抽屉原理"，先看几个例子：

"任意 367 个人中，必有生日相同的人。"

"从任意 5 双手套中任取 6 只，其中至少有 2 只恰为一双手套。"

"从数 1、2、…、10 中任取 6 个数，其中至少有 2 个数为奇偶性不同。"

……

大家都会认为上面所述结论是正确的。这些结论是依据什么原理得出的？这个原理叫作"抽屉原理"。它的内容可以用形象的语言表述为："把 m 个东西任意分放进 n 个空抽屉里$(m>n)$，那么一定有一个抽屉中放进了至少 2 个东西。"

在上面的第一个结论中，由于一年最多有 366 天，因此在 367 人中至少有 2 人出生在同月同日。这相当于把 367 个东西放入 366 个抽屉，至少有 2 个东西在同一个抽屉里。在第二个结论中，不妨想象将 5 双手套分别编号，即号码为 1、2、…、5 的手套各有两只，同号的两只是一双。任取 6 只手套，它们的编号至多有 5 种，因此其中至少有两只的号码相同。这相当于把 6 个东西放入 5 个抽屉，至少有 2 个东西在同一个抽屉里。

107. 酒徒戒酒

我们来算下第 39 次喝完酒后要等多久才能喝第 40 次酒：$2^{39}=536870912$ 小时 $=22369621$ 天，他这辈子是喝不上酒了。

108. 某个数字

由于三个数都在个位上，所以两个数的乘积个位还是这个数的有 0、5、6

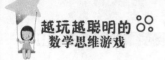

四个数。

把这四个数代进去，试一试。

$90×0=0$；

$91×1=91$；

$95×5=475$；

$96×6=576$。

所以答案是 6。

109. 拨开关

灯编号的方根为整数时，开关在最后是朝下的，其他的朝上。这样 1、4、9、16、25、36、49、64、81、100 号朝下。

110. 星期几

30000 天有 4285 周零 5 天，五天后的那一天是星期几，30000 天后的那一天就是星期几。所以是星期一。

111. 抽奖

他只要站在老师的左边就行了，因为每一轮都是偶数留下，轮到最后还是偶数留下，所以他是最后一名，即 64 号。

112. 两手数数

按题目要求循环数的时候，是以 18 为循环。2000 除 18 后余 2，所以数到 1998 根手指的时候刚好到左手食指，再数两下：左手拇指、左手食指。所以第 2000 根手指是左手食指。

113. 火车开车时间

开车的时间是 7 点 6 分 39 秒。因为 1999 小时 2000 分 2001 秒是 2032 小时 53 分 21 秒，除去中间是 12 的倍数的 2028 小时，剩下的时间是 4 小时 53 分 21 秒。那么，开车时间就是 7 点 6 分 39 秒。

114. 相差的银子

因为每两个人相差的数量相等，第一个与第十个、第二个与第九个、第三个与第八个、第四个与第七个、第五个与第六个，每两个兄弟分到银子的数量的和都是 20 两，而第八个兄弟分到 6 两，这样可求出第三个兄弟分到银子的数量为 $20-6=14$(两)。而从第三个兄弟到第八个兄弟中间有 5 个两人的差。由此便可求出每两人相差的银子为 $(14-6)/5=1.6$(两)。

115. 口袋里的钱

甲：15 元；乙：25 元；丙：20 元；丁：30 元。

116. 数学天才的难题

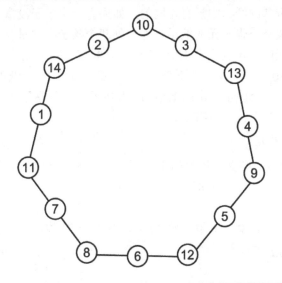

117. 五角幻方

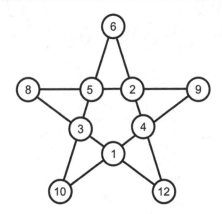

118. 死者的年龄

死者没有活到 100 岁,现在又是 1990 年,这说明死者的出生年是在 1890～1990 年之间,问题的关键在于找出一个数,其平方也在这个范围内。

现在有:$43 \times 43 = 1849$(年),$44 \times 44 = 1936$(年),$45 \times 45 = 2025$(年)。

由此可知,死者在 1936 年时 44 岁,他的出生年是 $1936 - 44 = 1892$(年)。

119. 分蛋糕

把 4 个蛋糕各切成 5 份,然后把这 20 块儿分给 20 个人每人 1 块儿。另外 5 个蛋糕切成 4 等份,也分给每人 1 块儿。于是,每个孩子都得到 1 个 1/5 和 1 个 1/4 块儿,这样,20 个孩子都平均得到了蛋糕。

120. 凑钱买礼物

每一个孩子所拿的纸币中没有相同的，如果有一个孩子没拿10元，同时他拿了纸币，那他只能有一张5元的纸币，那另外两个孩子必然只有一个孩子有5元，剩下那个没有5元的孩子也没有10元纸币，只能有一张1元的。这样，剩下的那个孩子要有2张10元的。与条件不符。所以，那个没拿10元纸币的孩子也不能有其他的纸币。所以3个孩子所拿的纸币为：其中两个孩子拿了1元、5元、10元的纸币各一张，另外一个孩子没有拿钱。

121. 年龄问题

设儿子年龄为 x，则女儿年龄为 $3x$，我的年龄为 $18x$，丈夫的年龄为 $18x^2$。

根据题意，$18x^2+3x+x=80$

解得：$x=2$

所以，儿子2岁，女儿6岁，她36岁，她老公72岁。

122. 星形幻方

有两种可能。

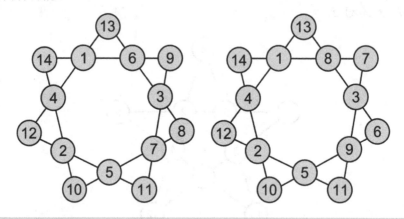

123. 七边形幻方

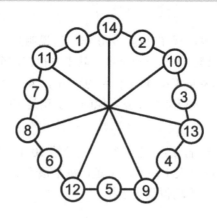

124. 赌注太小

第三局结束后，两人钱数之和是 75 元，之差是 7 元，所以，最后一个有 41 元，一个有 34 元。由于只有 34 能被 2 整除，而李蛋蛋第三局输了，所以李蛋蛋的钱是 34 元。所以第二局结束时，李蛋蛋的钱是 34/2×3＝51(元)，王丫丫的钱是 75－51＝24(元)。24 和 51 都能被 3 整除，所以无法判断谁赢了第二局。

假设李蛋蛋赢了第二局，则第一局结束时，李蛋蛋的钱是 51/3×4＝68(元)，王丫丫的钱是 75－68＝7(元)。由于只有 68 能被 4 整除，所以第一局也是李蛋蛋赢了，最开始李蛋蛋的钱是 68/4×5＝85(元)，85 大于 75，所以假设错误，第二局是王丫丫赢了。

这样第一局结束时，王丫丫的钱是 24/3×4＝32(元)，李蛋蛋的钱是 75－32＝43(元)。由于只有 32 能被 4 整除，所以第一局也是王丫丫赢了，则最开始王丫丫的钱是 32/4×5＝40(元)，而李蛋蛋的钱是 70－40＝35(元)。

125. 1＝2？

$a(b-a)=(b+a)(b-a)$

$a=b+a$

这一步错了，因为 $a=b$，所以 $b-a=0$。两面同时除以 0 以后不再相等。

126. 两数之差的三角形

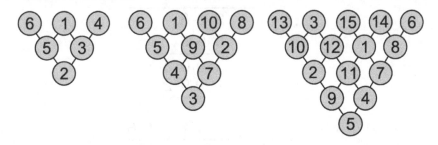

127. 猫兔赛跑

能。猫要跑 60 步才能追上兔子。

128. 失落的数字

从算式的最后一层可看出(有些数字用字母表示)，$c=0$。$efg-hij$ 是三位数，而 $lmnp-rst$ 是两位数，所以 $lmnp>efg$，因此 $rst>hij$，这样 $b>7$。a 和 d 分别与除数相乘后都得四位数，由此 $a>b$，$d>b$，这样只可能 $b=8$，$a=d=9$，现在的商是 97809。

a7bcd
efg
hij
lmnp
rst
xy

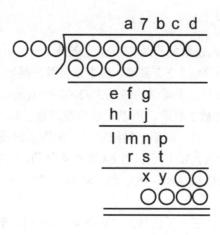

图 1

因 rst≤999，所以除数不能大于 124。xy 不能大于 11，应是 10 或 11，又 lmnp ≥1000，因此 rst>988，123×8=984，所以除数一定大于 123。

除数只能是 124，被除数是 124×97809=12128316，如图 2。

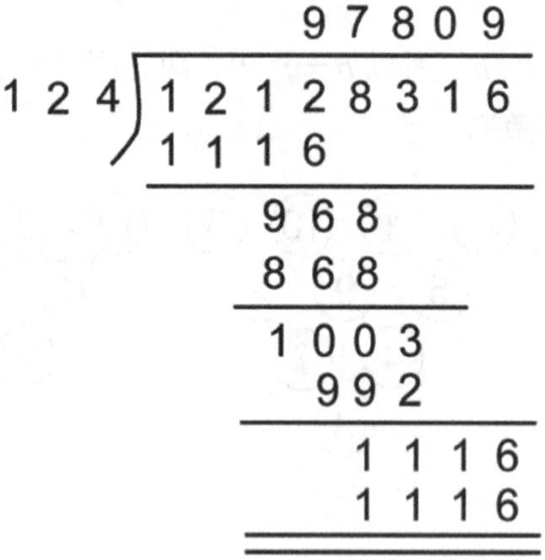

97809
124
12128316
1116
968
868
1003
992
1116
1116

图 2

129. 时钟密码

指针的位置作为数字，而不是时间。A 式为 51+123=174，B 式为 911+72=983，那么 C 式为 113−16=97。

130. 选数字

1～9 中，积是 24 的数字有两种情况：3、8；4、6。

商是 3 的只可能有三种情况：1、3；2、6；3、9。

综合起来只有一种可能的情况，即：甲拿的两张牌是 1、9；乙选择了 4、5；

丙选择了 3、8；丁选择了 6、2。剩下的那个数字是 7。

131. 走路的孩子

因为周角 360 度是 15 度的倍数，所以他可以回到出发点，一共走了 1×(360÷15)＝24(米)。

132. 拼凑出 10

(1＋1÷9)×9＝10

133. 翻黑桃

第三张是黑桃 A 的概率是 90%，第四张是黑桃 A 的概率是 10%。

134. 六色相同

一副完整的扑克牌包括两张大小王，共有 54 张。若把大小王除去，就剩 52 张，四种花色各 13 张。

运气最差的时候可能会抽 22 张都没有 6 张是相同花色的：每种花色各 5 张，加上大小王。这样再抽出一张就保证有 6 张牌的花色相同。因此，至少要抽 23 张才能保证有 6 张牌的花色相同。

135. 红黑相同

A 组中的黑色牌数设为 x，则 A 组中剩下的 26－x 张是红色牌。一副牌一共有 26 张红色牌，所以 B 组中有 x 张红色牌。因此 A 组中的黑色牌数和 B 组中的红色牌数必然是相同的，概率 100%。

136. 手里的剩牌

小王剩了 13 张，小李剩了 15 张，小张剩了 12 张。

137. 有趣的 37

111÷(1＋1＋1)＝37
222÷(2＋2＋2)＝37
333÷(3＋3＋3)＝37
444÷(4＋4＋4)＝37
555÷(5＋5＋5)＝37
666÷(6＋6＋6)＝37
777÷(7＋7＋7)＝37
888÷(8＋8＋8)＝37
999÷(9＋9＋9)＝37

138. 有趣的算式

7777×9999＝77762223
77777×99999＝7777622223

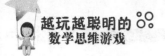

777777×999999＝777776222223

7777777×9999999＝77777762222223

139. 哪桶是啤酒

40 升的桶装着啤酒。

第一个顾客买走了一桶 30 升和一桶 36 升，一共是 66 升的葡萄酒。第二个顾客买了 132 升的葡萄酒——32 升、38 升和 62 升的桶。这样，现在就只剩下 40 升的桶原封不动，因此，它肯定是装着啤酒。

140. 兔妈妈分萝卜

设家中有 x 个宝宝，有 $x+1$ 根萝卜

根据题意有：$2x-2=x+1$

解得：$x=3$

所以，家中有 3 个宝宝，4 根萝卜。

141. 做题速度

根据几个人的话统计如下：

(1) 王同学 12 道，李同学 14 道，张同学 11 道。

(2) 李同学不是最少的，张同学和李同学相差 3 道，张同学 15 道。

(3) 张同学做的题比王同学少，王同学 13 道，李同学 11 道。

综上所述，我们发现对于具体题目数，三名同学各提到了两次，而且各不相同。所以这六句话里有三句是错的，其余的话都是正确的。

所以可以推出张同学 15 道是错的，那么张同学 11 道是正确的；

张同学和李同学相差 3 道，所以李同学 14 道是正确的；

王同学 12 道是错误的，而王同学 13 道是正确的。

所以，王同学做了 13 道题，李同学做了 14 道题，张同学做了 11 道题。

142. 12 枚硬币

假设 5 枚是 1 分的，剩下的 7 枚的和应该是 3 角 1 分。$x+y=7$，$2x+5y=31$，没有整数解。

假设 5 枚是 2 分的，剩下的 7 枚的和应该是 2 角 6 分。$x+y=7$，$x+5y=26$，没有整数解。

假设 5 枚是 5 分的，剩下的 7 枚的和应该是 1 角 1 分。$x+y=7$，$x+2y=11$，$x=3$，$y=4$。

所以这 5 枚一定是 5 分的。

143. 国王的年龄

72 岁。假设国王的年龄为 x 岁，根据说明很容易列出方程：$x=x/8+x/4+x/2+9$，解得：$x=72$。题目中的数字"4"和"12"是没有用的。

144. 涂色问题

以第一格涂红色为例给出树形图如下。

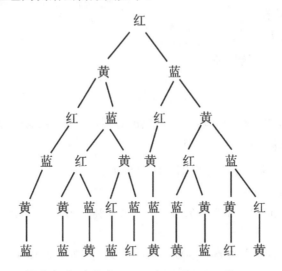

由此得出，不同的涂色方法共有 N＝C_3^1×10＝30(种)。

145. 分奖金

在帮丙扫的 6 个街道中，甲扫了 1 条，乙扫了 3 条，丁扫了 2 条。所以，甲分 1/6，400 元；乙分 3/6，1200 元、丁分剩下的 2/6，800 元。

146. 刷碗

如果 10 只碗都是小明刷的，那么乘以 3 会得到 30。现在是 34，说明有 4 个数被乘以了 4，所以，小红刷了 4 只碗，小明刷了 6 只碗。

147. 画出球的表面积

因为球的表面积为 $4\pi R^2$，一半就是 $2\pi R^2$。而圆的面积公式为 πr^2，$r=\sqrt{2}\times R$，也就是说，只要让纸上画的这个圆的半径是球半径的 $\sqrt{2}$ 倍即可。方法：把圆规一条腿插在球上一点(想象为地球的"北极")，把另一条腿张到"赤道"上，保持圆规的角度不变，在白纸上画一个圆，就是所要求的大小了。

148. 一个比四个

一样大。以小圆的半径为 a，4 个小圆的面积为 $4\pi a^2$，大圆的面积为$\pi(2a)^2$，也是 $4\pi a^2$。

149. 分放宝石

红盒子里宝石的数量是 12 颗。因为拍掌的次数是 21 次，所以 30 颗宝石不会全放在红盒子里。如果 21 次都往蓝盒子里放宝石，那么一共要放 42 颗宝石。42 颗宝石比总宝石数多了 12 颗。所以 30 颗宝石不会都放在蓝盒子里。有一部分放在

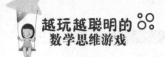

了红盒子里。每往红盒子里放一颗宝石，也要拍掌一次，这样拍掌的数量不会变化。但放的宝石数量比放在蓝盒子里要少一颗。所以往红盒子里放的宝石数量是：$(42-30)\div(2-1)=12$(颗)。

150. 默想的数字

设你想的数为 x，结果是 y。

$y=2(x-3)+x$

$x=(y+6)/3$

所以根据对方给的结果，做一下简单的计算就可以得到其默想的数字。

151. 三人决斗

设：A：阿历克斯　B：克里斯　C：鲍博

只有 AB 相对

A 活下来的可能性为 $30\%+70\%\times50\%\times30\%+70\%\times50\%\times70\%\times50\%\times30\%+\cdots\cdots=0.3/0.65$

B 活下来的可能性为 $70\%\times50\%+70\%\times50\%\times70\%\times50\%+70\%\times50\%\times70\%\times50\%\times70\%\times50\%+\cdots\cdots=0.35/0.65$

应该恰好等于 $1-0.3/0.65$。

只有 AC 相对

A 活下来的可能性为 30%

C 活下来的可能性为 70%

只有 BC 相对

B 活下来的可能性为 50%

C 活下来的可能性为 50%

三人相对

A 活下来有三种情况：

(1) A 杀了 C，B 杀不死 A，A 又杀了 B，概率为 $30\%\times50\%\times0.3/0.65$

(2) A 杀不死 C，B 杀了 C，A 杀了 B，概率为 $70\%\times50\%\times0.3/0.65$

(3) A 杀不死 C，B 杀不死 C，C 杀了 B，A 杀了 C，概率为 $70\%\times50\%\times30\%$

所以 A 活下来的可能性为 $0.105+3/13\approx0.336$，大于 $1/3$，比较幸运了。

也有人对此提出质疑，他认为：A 的正确决策是首先朝天开枪！

这样，在这种情况下，B 和 A 一定会死一个，那么 A 在该情况下就有 30% 的可能活命！比其他任何情况都高！这才是 A 的策略，也是 A 所能控制的情况。

B 活下来有三种情况：

(1) A 杀了 C，B 杀了 A，概率为 $30\%\times50\%$

(2) A 杀不死 C，B 杀了 C，AB 相对的情况下 B 杀了 A，概率为 $70\%\times50\%\times0.35/0.65$

(3) A 杀了 C，B 杀不了 A，AB 相对的情况下 B 杀了 A，概率为 30%×50%×0.35/0.65

所以 B 活下来的可能性为 0.15＋3.5/13≈0.419，大于 1/3，非常幸运了。

C 活下来只有一种情况：

A 杀不死 C，B 杀不死 C，C 杀了 B，A 杀不死 C，C 杀了 A，概率 70%×50%×70%

所以 C 活下来的可能性为 0.245，小于 1/3，非常不幸。

而且 A、B、C 活下来的可能性之和恰为 1。

152. 分配任务

可以将这道题归结为简单的方程。

设共有 x 个同学，由条件得：

$x/4＋x/7＋5(x/4－x/7)＋2＝x$

解得：$x=28$

所以答案是共有 28 个同学。

153. 地租

假设麦子的价格为 x 元每斤。

根据题意列方程：

$(4000＋100x)/(12000＋100x)=5/12$

解得：$x=17.1$

所以现在的麦子是 17.1 元一斤。

154. 多少个演员

$102/(1－1/9－2/7－1/3)=378(人)$

所以这个剧团现在一共有 378 人。

155. 运送物资

设两地距离 x 千米，往返 4 次，也就是说装物资的车和空车各行了 $4x$ 千米。

$4x/120＋4x/200=6$

解得：$x=112.5$

所以两地相距 112.5 千米。

156. 动物园

本题可以列方程。假设鸵鸟有 x 只，那么斑马有 $24－x$ 只。

根据题意，可知：

$2x＋4(24－x)=94$

解得：$x=14$

所以鸵鸟有 14 只，斑马有 10 只。

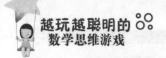

157. 领文具

假设他们公司一共有 x 人，可以列出方程式：

$x+x/2+x/3+x/4=120+5$

解得：$x=60$

所以，他们公司一共有 60 个人。

158. 保持平衡

根据前三个系统平衡，计算出圆、三角、方形物体的重量，然后计算即可。第四个应该是 24。

159. 抢糖果

先拿 4 个，之后哥哥拿 $n(1≤n≤5)$ 个，你就拿 $6-n$ 个，每一轮都是这样，就能保证你得到最后一个糖果。

(1) 我们不妨逆向推理，如果只剩 6 个糖果，让对方先拿，你一定能拿到第 6 个糖果。理由是：如果他拿 1 个，你拿 5 个；如果他拿 2 个，你拿 4 个；如果他拿 3 个，你拿 3 个；如果他拿 4 个，你拿 2 个；如果他拿 5 个，你拿 1 个。

(2) 我们再把 100 个糖果从后向前按组分开，6 个一组。100 不能被 6 整除，这样就分成 17 组。第 1 组 4 个，后 16 组每组 6 个。

(3) 自己先把第 1 组的 4 个拿完，后 16 组每组都让对方先拿，自己拿剩下的。这样你就能拿到第 16 组的最后一个，即第 100 颗糖果了。

160. 有趣的字母

一个四位数字乘以 9 还是四位数字，所以这个数的首位一定是 1，末位就是 9。这样再确定百位，因为百位在乘 9 的时候并没有进位到千位，所以百位应该为 0，这样再确定十位应该是 8，所以原来的数是 1089，乘以 9 后是 9801，两者的差，即答案为：8712。

161. 贪心的渔夫

如果把第一天打的鱼看作 1 份，可以知道第二、三、四、五天打的鱼分别是 3 份、9 份、27 份、81 份。根据打鱼的总和和总份数，能先求出第一天打的鱼数量，再求出以后几天鱼的数目。

即：$1089/(1+3+9+27+81)=9$(条)。

所以他这五天分别打了 9 条、27 条、81 条、243 条、729 条鱼。

162. 奖金

倒着推就很容易能算出来了。

第四名发完奖金剩下金额：100 元

第三名发完奖金剩下金额：$(100+400)×2=1000$ 元

第二名发完奖金剩下金额：$(1000+300)×2=2600$ 元

第一名发完奖金剩下金额：(2600＋200)×2=5600 元
总金额：(5600＋100)×2=11400 元
所以奖金总额一共是 11400 元。

163. 国王的数学题

40 件，30 件。

设金宝箱中原有 x 件，银宝箱中原有 y 件。

则可得到下面的式子：$x-25\%x-5=25\%x+5+10$；

$y-20\%y-4=2\times(20\%y+4)$。

解得：$x=40$，$y=30$。

164. 农夫买鸡

有三种可能：4 只公鸡、18 只母鸡、78 只小鸡；8 只公鸡、11 只母鸡、81 只小鸡；12 只公鸡、4 只母鸡、84 只小鸡。

解题过程如下：

设买公鸡 x 只，买母鸡 y 只，买小鸡 z 只，那么根据已知条件列方程，有：

$x+y+z=100$……①

$5x+3y+z/3=100$……②

②×3－①，得：

$14x+8y=200$

也就是 $7x+4y=100$……③

在③式中 $4y$ 和 100 都是 4 的倍数：

$7x=100-4y=4(25-y)$

因此 $7x$ 也是 4 的倍数，7 和 4 是互质的，也就是说，x 必须是 4 的倍数。

设 $x=4t$

代入③，得 $y=25-7t$

再将 $x=4t$ 与 $y=25-7t$ 代入①，有：

$z=75+3t$

取 $t=1$，$t=2$，$t=3$，就有：

$x=4$，$y=18$，$z=78$；

或 $x=8$，$y=11$，$z=81$；

或 $x=12$，$y=4$，$z=84$。

因为 x、y、z 都必须小于 100 且都是正整数，所以只有以上三组解符合题意。

165. 各卖了多少苹果

设批发得少的商贩卖了 x 斤苹果，另一个则卖了 $(1000-x)$ 斤。

批发得少的单价为：$4900/(1000-x)$

批发得多的单价为：$900/x$

那么 $4900x/(1000-x)=900(1000-x)/x$

解得：$x=300$

所以一个商贩卖了 300 斤苹果，另一个商贩卖了 700 斤苹果。

166. 有多少士兵

设现在一共有 x 名士兵。

$(x-100)\times 5=(x-200)\times 6$

解得：$x=700$

所以现在一共还有 700 名士兵。

167. 平均速度

设平路的路程为 x，上坡的路程为 y，则：

$2x/4+y/3+y/6=5$

$x+y=10$

所以他 5 小时一共走了 $2x+2y=20$ 千米。

168. 多少零件

32 个。可以这样计算：4 人工作 4×4 小时生产 4 个零件，所以，1 人工作 4×4 小时生产 1 个零件，这样每人工作 1 小时就生产 1/16 个零件。

因此，8 个人每天工作 8 小时，一共工作 8 天，生产的零件数目就是 $8\times 8\times 8\times 1/16=32$(个)。

169. 买衣服

丁和己是男生。设男生买的衣服单价为 X

$2\times(1+2+3+4+5+6)X-N\times X=1000$

N 为两名男生所买件数之和，取值范围为 3~11。$42-N$ 的取值范围为 31~39。

X 为男生所买衣服的单价，要求 $1000/X$ 是个整数或 2 位以内的有限小数。

解得 $42-N=1000/X$。

只有当 N 为 10 时，$42-N=32$。$1000/X$ 符合条件。

而能等于 10 的只有 4+6，也就是丁和己是男生。

170. 堆高台

285 块儿。

$1=1$

$5=1+2\times 2$

$14=1+2\times 2+3\times 3$

$30=1+2\times 2+3\times 3+4\times 4$

所以 $1+2\times 2+3\times 3+4\times 4+5\times 5+6\times 6+7\times 7+8\times 8+9\times 9=285$。

171. 导师的诡计

实际上是不可能的，因为隔的时间太久了，要 40320 天，相当于 100 多年。算法为：每天换一下位子，第一个人有 8 种坐法，第二个人有 7 种坐法，第三个人有 6 种坐法……第八个人只有 1 种坐法。$8×7×6×5×4×3×2×1=40320$(天)。

172. 投资问题

250 万元买 1/3 的股份，那么，总资产应该是 750 万元。由于甲掌握的股份是乙的 1.5 倍，那么，他的股份是 450 万元，乙的是 300 万元。如果让三位合作伙伴股权相等，都是 250 万元，那么甲应该得到 200 万元，乙应该得到 50 万元。

173. 公共汽车

设人速为 x，车速为 y，每两辆车间距离为 s。

每 2 分钟迎面一辆车，则 $s=(y+x)×2$(人车共走完 s)；此公式变形为：$y/s+x/s=0.5$；

每 8 分钟后面一辆车，则 $s=(y-x)×8$(速度之差)；此公式变形为：$y/s-x/s=0.125$。

两式相加，$2×y/s=0.5+0.125=0.625$

因此 $y/s=0.625/2=0.3125$

$s/y=1/0.3125=3.2$(距离/路程＝时间)

所以每 3.2 分钟发一班车。

如果掌握了调和平均数的概念，这题就简单了，就是求 2 和 8 的调和平均数：$2/(1/2+1/8)=3.2$(分钟)。

174. 夫妻吃猪肉

设丈夫一天能吃 x 桶肥肉，α 桶瘦肉；他老婆一天能吃 y 桶肥肉，β 桶瘦肉。

由题可列出四个等式：

$x+y=1/60$

$x=1/210$

$\alpha+\beta=1/56$

$\beta=1/280$

很容易可以解出：$y=1/84$，$\alpha=1/70$。

因为 $\alpha>y$，所以是丈夫先吃完了半桶瘦肉，用的时间为 $T_1=(1/2)/\alpha=35$(天)；这时他老婆已经吃了 $T_1×y=35/84=5/12$ 桶肥肉，还剩下 $1/2-5/12=1/12$ 桶肥肉；

两人把剩下的这些肥肉吃完需要 $T_2=(1/12)/(x+y)=5$(天)；

所以一共需要的时间是 $T_1+T_2=40$(天)。

175. 冰雹数列

冰雹数列(数字的循环出现就像在旋风中翻滚的冰雹颗粒)到现在为止还没有

一个一般性的答案。但是从 1 到 26 这些数字都呈现此循环。如果从 7 开始,你会得到:

7、22、11、34、17、52、26、13、40、20、10、5、16、8、4、2、1、4、…

数字 27 的变化则有些奇特:在第 77 步时它增加到 9232,然后才开始减少,在第 111 步时开始 1—4—2—1—4—2 的循环。从 1 到 1 兆的数字都被测试过,最后它们都呈现如此的循环。

176. 轮胎

8000 千米。车行驶时用 4 个轮胎,也就是 4 个轮胎各行驶了 12000 千米,共行驶了 48000 千米。如果 6 个轮胎均匀使用,即 48000/6=8000 千米。

177. 辛苦的服务员

用集合来表示便一目了然。

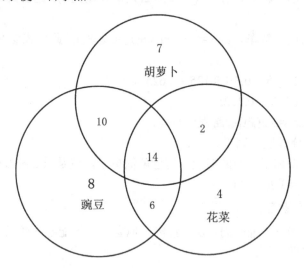

(1)14 位;(2)4 位;(3)18 位;(4)7 位;(5)8 位。

178. 动物赛跑

小兔子跑完 1000 米所用的时间是 200 秒,在这个时间内,小鹿会跑 1200 米,所以小鹿要后退 200 米。

179. 破产分钱

一共有 $2^{30}-1=1073741823$(元)。

第 1 个股东分了 $2^{29}=536870912$(元);

第 2 个股东分了 $2^{28}=268435456$(元);

……

第 n 个股东分了 $2^{(30-n)}$元;

第 30 个股东分了 1 元。

180. 计算损失

88 元。商人找出 100－72＝28(元)。60＋28＝88(元)。

181. 逃脱的案犯

可以逃脱。

若是"飞毛腿"将船划向黑猫所在岸的对称方向，那么它要行进的距离为 R，警长要行进的距离为 $3.14R$，因为"飞毛腿"划船的速度是警长奔跑速度的 1/4，所以它在划到岸边之前警长就能赶到，这种方法行不通。

正确的方法是，"飞毛腿"把船划到略小于 1/4 的圆半径的地方，比如说 $0.24R$，然后以湖的中心为圆心，作顺时针划行。在这种情况下，"飞毛腿"的角速度大于在岸上的警长能达到的最大角速度。这样划下去，它就可以在某一个时刻，处于离警长最远的地方，也就是和警长在一条直径上，并且在圆心的两边。然后"飞毛腿"把船向岸边划，这时，它离岸边的距离为 $0.76R$，而警长要跑的距离为 $3.14R$。由于 $4\times0.76R<3.14R$，所以"飞毛腿"可以在警长赶到之前上岸，并用最快的速度逃脱。

182. 对了多少题

少错一道题，也就是再加 5＋3＝8(分)，她才能及格，所以婧婧得了 52 分。设婧婧做对了 x 题，那么她做错的题是 $20-x$，且有 $5x-3\times(20-x)=52$(分)。解得 $x=14$，所以婧婧答对了 14 道题。

183. 海盗分椰子

15621 个。解答方法很多，下面是最容易理解的一种：

假设给这堆椰子增加 4 个，则每次刚好分完而没有剩余。

解：设椰子总数为 $n-4$，天亮后每人分到的个数为 a。

$(1/5)\times(4/5)\times(4/5)\times(4/5)\times(4/5)\times(4/5)\times n=a$

$1024/15625\times n=a$

因为 a 是整数，所以 n 最小为 15625。

$n-4=15621$

还可以设最开始有 X 个椰子，天亮时每人分到 Y 个椰子，则可得：

$X=5A+1$

$4A=5B+1$

$4B=5C+1$

$4C=5D+1$

$4D=5E+1$

$4E=5Y+1$

化简以后得：$1024X=15635Y+11529$。

这是个不定方程，依照题目我们求最小正整数解。如果 X_1 是这个方程的解，

则 $X_1+15625(5^6=15625$，因为椰子被连续 6 次分为 5 堆)也是该方程的解，那么用个取巧的方法来解，就是设 $Y=-1$，则 $X=-4$。如果最开始有 -4 个椰子，那么大家可以算一下，无论分多少次，都是符合题意的。所以把 -4 加上 15625 就是最小的正整数解了，答案是 15621 个。

184. 在风中飞行的飞机

由于风速不变，因此，飞机在顺风时受到的推力和在逆风时受到的阻力是一样的。这使人容易得出结论：飞机在有风但风速不变的情况下往返航程所需的时间和无风时相比保持不变。

但这个结论是错误的。上述思考有一个重大的忽略，即飞机在顺风时飞完一半航程所需的时间比在逆风时飞完另一半航程所需的时间少。也就是说，在往返航程中，飞机有更多的时间是在逆风中航行，因此，飞机在有风但风速不大的情况下往返航程所需的时间比无风时要更多。

解答思路为：设飞机的速度为 V，AB 之间的路程为 S，风速为 a，则无风时飞机往返所需时间为 $2S/V$。

有风时飞机往返所需时间为 $S/(V+a)+S/(V-a)$

$S/(V+a)+S/(V-a)=[S(V-a)+S(V+a)]/(V+a)(V-a)=2VS/V^2-a^2$

$2S/V=2VS/V^2$

所以，只需比较 V^2-a^2 与 V^2 的大小。显而易见，$V^2>V^2-a^2$，分母越大，分数越小，所以无风时所用时间少于有风时所用时间。

185. 大牧场主的遗嘱

大牧场主有 7 个儿子，56 头牛。大儿子拿了 2 头牛，他老婆拿了 6 头；第二个儿子拿了 3 头牛，他老婆拿了 5 头；第三个儿子拿了 4 头牛，他老婆也拿了 4 头。依次类推，第七个儿子拿到 8 头牛，但牛已经全部分光。现在每个家庭都分到 8 头牛，所以每家可以再分到 1 匹马。于是他们都分到了价值相等的牲口。

186. 放球问题

由题意可知在编号为 1 的箱子中放球的个数应该为 1 个、2 个、3 个、4 个，有四种情形(不小于编号 1，且余下球至少要 5 个)。依次类推，得出树形图。

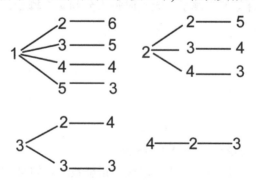

由此可知方法 $N=4+3+2+1=10$(种)。

187. 两支蜡烛

设蜡烛点燃了 x 小时。粗蜡烛每小时减少 1/5，细蜡烛每小时减少 1/4。根据题意可以列出方程：$4(1-x/4)=1-x/5$

解得：$x=15/4$

所以昨天停电的时间为 3 小时 45 分钟。

188. 小到看不出来

直觉上来讲，2 米对月球的周长来说微不足道，但我们计算看看，假如铁环与月亮间的距离为 x，则有：

$2\pi(r+x)-2\pi r=2$(米)

$2\pi x=2$(米)

$x=1/\pi$ 米，大约 0.33 米。

会有大约 0.33 米的空隙。

189. 少卖了 2 元钱

原来 1 朵黄玫瑰 1/2 元，1 朵红玫瑰 1/3 元，1 朵蓝玫瑰 1/4 元，平均价格是每朵 $(1/2+1/3+1/4)\div 3=13/36$ 元。但是混合之后，平均每朵 1/3 元，比以前平均少卖了 $13/36-1/3=1/36$ 元。72 朵花正好少卖了 2 元。

190. 正确时间

这段对话发生在上午 9:36。

设现在的时间为 x，则根据题中已知条件可以列出如下方程：$x/4+(24-x)/2=x$。解得 $x=48/5$，也就是上午 9:36。注意：从文中时间的叙述可以看出他们的对话发生在上午。如果不考虑这一点，也可以设想时间是在下午，那么，下午 7:12 同样是一个正确的答案。

191. 简单的考试

这是个集合问题。

$40+31-(50-4)=25$

也就是说两道题都做对的有 25 人。

只做对第一题的有 $40-25=15$(人)。

只做对第二题的有 $31-25=6$(人)。

192. 猎人打狼

设 A 打了 x 头狼，则 B 打了 $14-x$ 头狼，C 打了 $x+6$ 头狼，D 打了 $12-x$ 头狼，E 打了 x 头狼。

B、C、D 三人打的狼的和为 $(32-x)/3$ 头，五人一共打的狼的总和为 $x+32$ 头。因为 A、E 相等，又经过联合分配，最后结果一样，说明 A、E 原来打的狼的头数就是平均数。

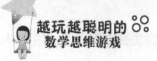

所以 $x=(32-x)/3$，解得 $x=8$。所以 A 打到 8 头狼，B 打到 6 头狼，C 打到 14 头狼，D 打到 4 头狼，E 打到 8 头狼。

193. 组成 100

$17+37+46=100$

194. 数数字

从 2 开始计算的，9 个自然数分别是 2、3、4、5、6、7、8、9、10。

195. 撒谎的贼首

因为 21 个人，每个人分得的金币都是奇数，奇数和奇数相加，总和不可能为 200。

196. 灯泡组合

不管是哪种灯，都只有一个大灯，所以两种灯一共有 16 个。通过小灯用掉 66 个，可以算出第一种灯有 10 个，第二种灯有 6 个。

197. 促销

是在原价格的基础上打八折。

198. 两个四位数

这两个四位数分别是 4662 和 2581。

方法很简单，因为和为 7243，也就是说尾数为 3。而上面的这些数字中，和的尾数为 3 的数字并不多，一个个测试即可。

199. 几个苹果

倒着计算即可：$(5×2+1)×2+1=23$(个)

所以他一开始有 23 个苹果。

200. 密码

一共有 67600 种可能性。$26×26×10×10=67600$(种)

201. 数字时钟

12 点 12 分 12 秒，13 点 13 分 13 秒，……，23 点 23 分 23 秒。每个小时出现 1 次，一共有 12 次。

202. 五位数

设这个五位数为 x，那么第一个六位数为 $x+100000$，第二个六位数为 $10x+1$。

这样：$10x+1=3(x+100000)$

解得 $x=42859$

203. 奇怪的三位数

因为这个数减去 9 正好可以被 9 整除，减去 8 正好可以被 8 整除，减去 7 正好可以被 7 整除，说明这个数正好可以被 7、8、9 三个数整除。那么这个数必然是 7、

8、9 的公倍数。7、8、9 的最小公倍数是 504,所以这个数就是 504。

204. 分苹果

分一箱剩下 5 个,分四箱会剩下 20 个,这样还可以每人分 3 个,最后剩下 2 个。

205. 和减差

设两个数分别是 a 和 $b(a>b)$,两个数的和为 $a+b$,两个数的差为 $a-b$,$(a+b)-(a-b)=2b$。所以结果的规律就是较小的数的 2 倍。

206. 四位数

$10^4=10000$ 是个五位数,而 $5^4=625$,所以这四个数字之和一定比 5 大,比 10 小。而 $6^4=1296$,$7^4=2401$,$8^4=4096$,$9^4=6561$。符合要求的只有 2401。

207. 图书印刷

首先,我们知道 1~9 这 9 个页码分别需要 1 个铅字;10~99 这 90 个页码需要 2 个铅字;100~999 则需要 3 个铅字,以此类推。

前 9 页一共需要 9 个铅字,10~99 页需要 180 个铅字,这样用去了 189 个铅字,还剩下 660-189=471(页),用到 3 个铅字的页码有 471/3=157(页)。所以这本书的总页码为 99+157=256(页)。

208. 运米问题

设两地距离 x 千米,往返 3 次,也就是说,装米的车和空车各行了 $3x$ 千米。

$3x/25+3x/35=5$

解得 $x=875/36$(千米)

所以两地相距 875/36 千米。

209. 鸡兔同笼

本题可以列方程。假设鸡有 x 只,则兔子有 $35-x$ 只。

根据题意,可得:

$2x+(35-x)\times 4=94$

解得 $x=23$(只)

所以鸡有 23 只,兔子有 35-23=12(只)。

还有其他一些简便算法:

有人是这样计算的:假设这些动物全都受过训练,一声哨响,每只动物都抬起一条腿,再一声哨响,又分别抬起一条腿,这时鸡全部坐在了地上,而兔子还用两只后腿站立着。此时,脚的数量为 94-35×2=24(只),所以兔子有 24/2=12(只),则鸡有 35-12=23(只)。

或者说:假设把 35 只全看作鸡,每只鸡有 2 只脚,一共应该有 70 只脚。比已知的总脚数 94 只少了 24 只,少的原因是把每只兔的脚少算了 2 只。看看 24 只里面少算了多少个 2 只,便可求出兔的只数,进而求出鸡的只数。

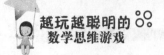

除此之外，我国古代有人也想出了一些特殊的解答方法。

假设一声令下，笼子里的鸡都表演"金鸡独立"，兔子都表演"双腿拱月"，那么鸡和兔子着地的脚数就是总脚数的一半，而头数仍是 35。这时鸡着地的脚数与头数相等，每只兔子着地的脚数比头数多 1，那么鸡兔着地的脚数与总头数的差就等于兔子的头数。

我国古代名著《孙子算经》对这种解法就有记载："上署头，下置足。半其足，以头除足，以足除头，即得。"

具体解法：兔子的只数是 $94÷2-35=12$(只)，鸡的只数是 $35-12=23$(只)。

210. 洗碗问题

设客人是 x 人，可用各种碗的个数合起来等于碗的总数的关系列方程解答。

$x/2+x/3+x/4=65$

解得 $x=60$

所以她家一共来了 60 位客人。

这道题目在《孙子算经》中的解法是这样记载的："置六十五只杯，以一十二乘之，得七百八十，以一十三除之，即得。"

211. 三女归家

从刚相会到最近的再一次相会的天数，是三个女儿回家间隔天数的最小公倍数。也就是求 5、4、3 的最小公倍数，为 60。所以至少要隔 60 天，三人才能再次在娘家相会。

212. 有女善织

若把第一天织的布看作 1 份，可知她第二、第三、第四、第五天织的布分别是 2 份、4 份、8 份、16 份。根据织布的总尺数和总份数，能先求出第一天织的尺数，再求出以后几天织布的尺数。

即 $62/(1+2+4+8+16)=2$(尺)

所以她这五天分别织布 2 尺、4 尺、8 尺、16 尺、32 尺。

213. 利息问题

这道题就是一个等比数列求和问题。

$1+2+3+4+…+99+100=(1+100)×100/2=5050$(尺)

所以过期 100 天一共需要缴纳利息 5050 尺绢。

214. 良马与驽马

本题过程有些复杂。

首先，我们要计算出两马相遇共跑的路程。良驹跑完全程 3000 里后，再返回途中与驽马相遇，相遇时两匹马一共跑了 $3000×2=6000$(里)。所以可以把这个过程看成是一个简单的相遇问题，即良马相向而行，总距离为 6000 里。

然后我们再用等差数列求和公式，分别计算出两匹马各行多少里，它们的和为6000里，解出即可。

设 n 天后两马相遇，由等差数列求和公式列方程得：

$[193n+13n(n-1)/2]+[97n-1/2×n(n-1)/2]=6000$

解得 $n=15.7$(天)

良马所走的距离为 $193n+13n(n-1)/2=4534.24$(里)，驽马所走的距离为 $6000-4534.24=1465.76$(里)。

215. 黑蛇进洞

每 5/14 天只前进了 15/2 安古拉，每天前进 $15/2÷5/14=21$ 安古拉，它的尾巴每 1/4 天就要长出 11/4 安古拉，每天长出 $11/4÷1/4=11$ 安古拉。

设大黑蛇要过 x 天才能完全进洞，则：

$21x=80+11x$

$10x=80$

$x=8$(天)

所以大黑蛇要 8 天时间才能完全进洞。

216. 三女刺绣

设这个花样总数为 1，则大女儿的速度为 1/7，二女儿的速度为 2/17，小女儿的速度为 3/29。

如果一起绣的话，所用时间为 $1/(1/7+2/17+3/29)=2.7$(天)。

所以三个女子一起来绣这块花样，一共需要 2.7 天时间。

217. 紫草染绢

1 匹绢等于 40 尺，7 匹等于 280 尺。

设需要卖掉 x 尺，则剩下 $280-x$ 尺。

每卖 1 尺绢所买的紫草可以染绢数为 25/40 尺。

根据题意可得：$25x/40=280-x$

解得 $x=172.3$(尺)

所以要卖掉 172.3 尺，可以换紫草 $172.3/40×30=129$(斤)。

218. 耗子穿墙

这是一个等比数列问题，又叫"盈不足术"。

第一日，大、小鼠各打 1 尺，共计 2 尺；第二日，大鼠打 2 尺，小鼠打 0.5 尺，共计 2.5 尺，差 0.5 尺；第三日，大鼠打 4 尺，小鼠打 0.25 尺，共计 4.25 尺，多 3.75 尺。二日不足，三日则盈，需用 $0.5÷4.25=2/17$ 日，所以共用 $2\frac{2}{17}$ 日。

219. 数不知总

看来问题比较麻烦，但通过细心观察，还是有窍门可寻的。

第一句"以五累减之无剩"其实是多余的，因为这个数以 715 除余 10，必定是 5 的倍数。第三句话"以 247 累减之剩 140"，就是说此数减去 247 的若干倍后还余 140，140 是 5 的倍数，此数也是 5 的倍数，那么减去的 247 的倍数也应是 5 的倍数。因此这句话可改为"以 247×5＝1235 累减之剩 140"。同样第四句话也可改为"以 391×5＝1955 累减之剩 245"。

现在我们可以完全仿照前面的方法进行计算，从 245 逐次加 1955，直至得到的数用 1235 除余数为 140 止。

计算过程如下：

逐次加 1955 可得：245、2200、4155、6110、8065、10020、…，用 1235 去除的余数分别是 965、450、1170、655、140、…。

所以可以得出 10020 满足这两项要求。

经检验 10020 的确符合全部条件，它就是我们要求的数。

220. 余米推数

将这个题目简单地翻译一下便是：一个数，用 19 除余 1，用 17 除余 14，用 12 除余 1，求这个数是多少。

因为用 19 除、12 除都余 1 的数为 $19×12×n+1$，当 $n＝1$ 时，为最小，是 229。但是用 229 除以 17 时，余数为 8，不是 14，要想余数是 14，则 $n＝14$。此时这个数最小，为 3193。

所以每箩米有 3193 合，甲偷走 3193－1＝3192(合)，乙偷走 3193－14＝3179(合)，丙偷走 3193－1＝3192(合)。

221. 五家共井

这个题目只要用五元一次方程组即可，解法如下：

设甲、乙、丙、丁、戊五根绳子分别长 x、y、z、s、t，井深 u，那么列出方程组：

$2x+y＝u$

$3y+z＝u$

$4z+s＝u$

$5s+t＝u$

$6t+x＝u$

解这个方程组得：

$x＝265/721$

$y＝191/721$

$z＝148/721$

$s＝129/721$

$t＝76/721$

而井深为 1 米。

222. 余数问题

用 2 除余 1 很好理解,只要是奇数即可。所以首先我们来看后三个条件,这个数用 5 除余 2,用 7 除余 3,用 9 除余 4,那么把这个数乘以 2 的话,它必定被 5 除余 4,用 7 除余 6,用 9 除余 8,也就是说,如果这个数加 1 正好可以除尽 5、7、9。而可以被 5、7、9 除尽的最小整数是 5×7×9=315。那么这个数就应该是 (315−1)/2=157。

223. 汉诺塔问题

因为就算有人会搬这些金片,它的步骤也非常巨大,是 $2^{64}-1$ 次。这个数究竟是几?我们来算一下,答案:18446744073709551615。搬这么多次金片一共需要多长时间?

假设搬一个金片要用一秒钟,18446744073709551615÷3600=5124095576030431(小时),再除以 24 等于 213503982334601(天),除以 365 等于 584942417355(年),约等于 5849(亿年)。所以根本不需由高僧守护,没有人可以完成这个艰巨的任务。

224. 铜币问题

共有(100+10)÷[3/(3+1)−1/(7+1)]=176(枚)。

甲有 176×3/(3+1)−100=32(枚),

乙有 176−32=144(枚)。

225. 七猫问题

总数是 19607。

房子有 7 间,猫有 7^2=49 只,鼠有 7^3=343 只,麦穗有 7^4=2401 个,麦粒有 7^5=16807 合。全部加起来就是 19607。

可以说这是世界上最古老的数学趣题了。大约在公元前 1800 年,埃及的一个僧侣名叫阿默士,他在纸草书上写有如下字样:

家	猫	鼠	麦	量器
7	49	343	2401	16807

但他没有说明是什么意思。

两千多年后,意大利的裴波那契在《算盘书》中写了这样一个问题:"7 个老妇同赴罗马,每人有 7 匹骡,每匹骡驮 7 个袋,每个袋盛 7 个面包,每个面包带有 7 把小刀,每把小刀放在 7 个鞘之中。问:各有多少?"受到这个问题的启发,德国著名的数学史家 M.康托尔推断阿默士的题意和这个题所问是相同的。

这类问题,在 19 世纪初又以歌谣体出现在算术书中:

我赴圣地爱弗西,

途遇妇女数有七,

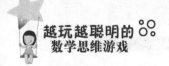

一人七袋手中提，
一袋七猫数整齐，
一猫七子紧相依，
妇与布袋猫与子，
几何同时赴圣地？

226. 木长几何

用方程解很简单，设木头长为 x 尺，那么绳子的长就应该是 $x+4.5$ 尺，根据题意列方程得：

$x-(x+4.5)/2=1$

解得 $x=6.5$ (尺)

所以这块木头的长度为 6.5 尺。

227. 相遇问题

这个问题在古代是非常难的，但是现在看来，就是一个简单的相遇问题。设长安至齐的距离为 1，甲的速度为 1/5，乙的速度为 1/7，因为乙先出发 2 天，所以列出算式为：

$(1-2/7)/(1/5+1/7)=25/12$ (天)

也就是说，还要再经过 25/12 天两人相遇。

228. 关税问题

设原来金子重量为 x 斤，则：

第一关收税为 $x/2$；

第二关收税为 $(x-x/2)/3=x/6$；

第三关收税为 $(x-x/2-x/6)/4=x/12$；

第四关收税为 $(x-x/2-x/6-x/12)/5=x/20$；

第五关收税为 $(x-x/2-x/6-x/12-x/20)/6=x/30$。

$x/2+x/6+x/12+x/20+x/30=1$

解得 $x=1.2$ (斤)

这个人带了 1.2 斤金子。

229. 韩信点兵(1)

他至少带了 2519 个兵。

首先，我们发现了一个特点，就是说，无论选择 2 到 10 这几个数中的哪个，都是只差一个人就可以站满整排。

换句话说，只要多增加一个人，就可以做到无论是 2 人一排、3 人一排、4 人一排、5 人一排、6 人一排、7 人一排、8 人一排、9 人一排、10 人一排都可以站满整排。

所以我们以能站齐整排为出发点。

要想每排人站齐，人数必须是每排人数的倍数，也就是只有10、9、8、7、…2的公倍数，才能做到无论怎样排都是整排的。

而10、9、…、2的最小公倍数是2520。

这其中当然包括了那个多出来的一个人。

所以，韩信的兵数至少应该是2520－1＝2519(人)。

230．韩信点兵(2)

在一千多年前的《孙子算经》中，有这样一道算术题："今有物不知其数，三三数之剩二，五五数之剩三，七七数之剩二，问物几何？"也就是说：一个数除以3余2，除以5余3，除以7余2，求这个数。

这样的问题，也称为"韩信点兵"。西方数学家把它称为"中国剩余定理"。到现在，这个问题已成为世界数学史上闻名的问题。

到了明代，数学家程大位把这个问题的算法编成了四句歌诀：

三人同行七十稀，五树梅花廿一枝；七子团圆正半月，除百零五便得知。

用现在的话来说就是：一个数用3除，除得的余数乘70；用5除，除得的余数乘21；用7除，除得的余数乘15。最后把这些乘积加起来再减去105的倍数，就知道这个数是多少了。

《孙子算经》中这个问题的算法是：

$70×2+21×3+15×2=233$(个)

$233-105-105=23$(个)

所以这个数最小是23个。

根据上面的算法，韩信点兵时，必须先知道部队的大约人数，否则他也是无法准确算出人数的。你知道这是怎么回事吗？

这是因为，被3、5整除，而被7除余1的最小正整数是15；

被3、7整除，而被5除余1的最小正整数是21；

被5、7整除，而被3除余1的最小正整数是70。

因此，被3、5整除，而被7除余2的最小正整数是$15×2=30$；

被3、7整除，而被5除余3的最小正整数是$21×3=63$；

被5、7整除，而被3除余2的最小正整数是$70×2=140$。

于是它们的和，即$15×2+21×3+70×2$，必然具有被3除余2，被5除余3，被7除余2的性质。但所得结果233($30+63+140=233$)不一定是满足上述性质的最小正整数，故从它中减去3、5、7的最小公倍数105的若干倍，直至差小于105为止，即$233-105-105=23$。所以23就是被3除余2，被5除余3，被7除余2的最小正整数。

我国古算书中给出的上述四句歌诀，实际上是特殊情况下给出的一次同余式组解的定理。在1247年，秦九韶著《数书九章》，首创"大衍求一术"，给出了一

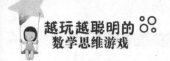

次同余式组的一般求解方法。在欧洲，直到 18 世纪，欧拉、拉格朗日(Lagrange, 1736—1813, 法国数学家)等，都曾对一次同余式问题进行过研究；德国数学家高斯，在 1801 年出版的《算术探究》中，才明确地写出了一次同余式组的求解定理。当《孙子算经》中的"物不知数"问题解法于 1852 年经英国传教士伟烈亚力(Wylie Alexander, 1815—1887)传到欧洲后，1874 年德国人马提生(Matthiessen, 1830—1906)指出孙子的解法符合高斯的求解定理。

231. 兔子问题

第一个月初，有 1 对兔子；第二个月初，仍有 1 对兔子；第三个月初，有 2 对兔子；第四个月初，有 3 对兔子；第五个月初，有 5 对兔子；第六个月初，有 8 对兔子；第七个月初，有 13 对兔子……把这些对数顺序排列起来，可得到下面的数列：

1、1、2、3、5、8、13、…

观察这一数列，可以看出：从第三个月起，每月兔子的对数都等于前两个月对数的和。根据这个规律，推算出第十三个月初的兔子对数，也就是一年后养兔人有兔子的总对数。

232. 托尔斯泰的割草问题

"割草问题"的解法较多，既可以用小学所学的算术方法解，也可以用中学所学的方程组解，下面先用最基本的列方程组的方法来解：

设割草队共有 x 人，每人每天割草的面积为 1，小块草地的面积为 k，则大块草地的面积为 $2k$。

根据题意列方程组，得：

$$\begin{cases} \dfrac{x}{2} + \dfrac{x}{2} \times \dfrac{1}{2} = 2k \\ \dfrac{x}{2} \times \dfrac{1}{2} + 1 = k \end{cases}$$

解得：

$$\begin{cases} x = 8 \\ k = 3 \end{cases}$$

所以割草队共有 8 人。

另外，在"割草问题"中，有个非常值得一提的解法：

因为大块草地面积是小块草地面积的 2 倍，全队人在大块草地上割半天所割下的草的面积也是一半人在小块草地上割半天所割下的草的面积的 2 倍。由于大块草地上的剩下部分由一半人半天割完，所以小块草地上的剩下部分也需要总人数的 1/4 用半天割完，相当于总人数的 1/8 用一天割完，而实际上，小块草地上的剩余部分由一人割 1 天割完，所以总人数为 8。

这种构图法构思巧妙，解法简捷，是"割草问题"最为简捷的解法，几乎不用动笔。在这种方法的背后，实际上用到了一个推理，即由"大块草地面积是小块草地面积的 2 倍"得到"全队人在大块草地上割半天所剩下的草的面积是一半人在小块草地上割半天所剩下的草的面积的 2 倍"，这是为什么？

根据"大块草地面积是小块草地面积的 2 倍"，可设小块草地的面积为 a，则大块草地的面积为 $2a$。再设一半人在小块草地上工作半天的割草面积为 b，则全队人在大块草地上工作半天的割草面积为 $2b$，因此全队人在大块草地上割半天所剩下草的面积是 $2a-2b$，一半人在小块草地上割半天所剩下的草的面积是 $a-b$，显然 $2a-2b=2(a-b)$。

233. 柯克曼女生散步问题

这个问题比较难，下面列出其中一个符合条件的组合，其实满足要求的答案还有很多，感兴趣的读者可以自己研究摸索一下。

星期日：010203，040812，051015，061113，070914；
星期一：010405，020810，031314，060915，071112；
星期二：010607，020911，031215，041014，050813；
星期三：010809，021214，030506，041115，071013；
星期四：011011，021315，030407，050912，060814；
星期五：011213，020406，030910，051114，070815；
星期六：011415，020507，030811，040913，061012。

234. 阿基米德分牛问题

设公牛中，白、黑、花、棕四种颜色的牛分别为 a、b、c、d 头，母牛中，白、黑、花、棕四种颜色的牛分别为 e、f、g、h 头。

根据题意列出方程组：

$a-d=b/2$

$b-d=c/3$

$c-d=a/4$

$e=(b+f)/3$

$f=(c+g)/4$

$g=(d+h)/5$

$h=(a+e)/6$

因为有八个未知数，只有七个方程，所以解不止一个，我们来求最小值。

解得：

$a=40d/23$

$b=34d/23$

$c=33d/23$

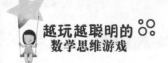

$e=5248d/8257$

$f=3538d/8257$

$g=2305d/8257$

$h=3268d/8257$

又因为这些数字都必须是整数，所以 d 的最小值为 8257。

其他数字分别为：$a=14360$，$b=12206$，$c=11847$，$d=8257$，$e=5248$，$f=3538$，$g=2305$，$h=3268$。

235. 三十六军官问题

如果用(1，1)表示来自第一个军团具有第一种军阶的军官，用(1，2)表示来自第一个军团具有第二种军阶的军官，用(6，6)表示来自第六个军团具有第六种军阶的军官，欧拉的问题就是如何将这 36 个数对排成方阵，使每行每列的数无论从第一个数看还是从第二个数看，都恰好由 1、2、3、4、5、6 组成。

三十六军官问题提出后，很长一段时间没有得到解决，直到 20 世纪初才被证明这样的方队是排不起来的。尽管很容易将三十六军官问题中的军团数和军阶数推广到一般的 n 的情况，而相应的满足条件的方队被称为 n 阶欧拉方。

236. 泊松分酒问题

利用两次小容器盛酒比大容器多 1 升和本身盛 3 升的关系，即可凑出 4 升的酒。具体做法如下：

	八升	五升	三升
第一次	3	5	0
第二次	3	2	3
第三次	6	2	0
第四次	6	0	2
第五次	1	5	2
第六次	1	4	3
第七次	4	4	0

237. 牛顿牛吃草问题

因为这片草地上的草天天都以同样的速度在生长。设草地上原有草量为 a，每头牛每天吃草 b，草每天生长量为 c，那么 $a+22c=10\times22\times b$，$a+10c=16\times10\times b$，两式相减，$c=5b$。也就是说，草地上每天新长出的草够 5 头牛吃的。所以只需知道草地上原有的草够吃几天即可。原有的草够 10－5 头牛吃 22 天，够 16－5 头牛吃 10 天。由此可以求出，够 25－5 头牛吃 5.5 天。

所以，这片草地可以供 25 头牛吃 5.5 天。

238. 欧拉遗产问题

大家不要被这么长的题目吓倒，只要抓住题中的关键所在，从后往前推算就可以迎刃而解了。首先我们设这位父亲共有 n 个儿子，最后一个儿子为第 n 个儿子，则倒数第 2 个就是第 $n-1$ 个儿子。通过分析可知：

第 1 个儿子分得的财产＝100×1＋剩余财产的 1/10；

第 2 个儿子分得的财产＝100×2＋剩余财产的 1/10；

第 3 个儿子分得的财产＝100×3＋剩余财产的 1/10；

……

第 $n-1$ 个儿子分得的财产＝$100\times(n-1)$＋剩余财产的 1/10；

第 n 个儿子分得的财产为 $100n$。

因为每个儿子所分得的财产数相等，即 $100\times(n-1)$＋剩余财产的 $1/10=100n$，所以剩余财产的 1/10 就是 $100n-100\times(n-1)=100$(克朗)。

那么，剩余的财产就是 $100\div1/10=1000$(克朗)。

最后一个儿子分得 $1000-100=900$(克朗)。

从而得出，这位父亲有 $900\div100=9$ 个儿子，共留下财产 $900\times9=8100$(克朗)。

239. 布哈斯卡尔的蜜蜂问题

可以将这道题归结为简单的方程。

设共有 x 只蜜蜂，由条件得：

$x/3+x/5+3(x/3-x/5)+1=x$

解这个方程，得到：$x=15$

所以答案是共有 15 只蜜蜂。

240. 马塔尼茨基的短衣问题

设这件短衣的价值为 x 元。

则根据题意列方程：

$(5+x)/(12+x)=7/12$

解得 $x=4.8$

这件短衣价值为 4.8 元。

241. 涡卡诺夫斯基的领导问题

$27/(1-2/5-2/7-1/4)=420$(人)

所以在这位船长的领导下共有 420 人。

242. 埃及金字塔的高度

法列士选择一个晴朗的天气，组织测量队的人来到金字塔前。太阳光给每一个测量队的人和金字塔都投下了长长的影子。当法列士测出自己的影子等于他自己的身高时，便立即让助手测出金字塔的阴影长度。他根据塔的底边长度和塔的阴影长度，很快就算出了金字塔的高度。

243. 古罗马人遗嘱问题

其实这个问题很简单，只要满足一点，就是儿子所得是母亲的 2 倍，母亲所得是女儿的 2 倍即可满足这个人的遗嘱要求。

列个方程就可以很方便地解出这个问题了。首先，设女儿所得为 x，则妈妈所得为 $2x$，儿子所得为 $4x$。

所以分配方法为将所有财产平均分为 7 份，儿子得 4 份，母亲得 2 份，女儿得 1 份。

244. 苏步青跑狗问题

这个问题其实很简单，关键点在于不计狗转弯的时间而且速度恒定。也就是说，只要计算出小狗跑这段路程一共所需要的时间就可以了，而这段时间正好与甲乙两人相遇的时间相同。所以 $t=50/(3+2)=10$(小时)，小狗跑的路程 $s=5\times10=50$(千米)。

245. 哥德巴赫猜想

(1) $100=3+97$
(2) $50=47+3=43+7=37+13$
(3) $20=17+3=7+13$

246. 贝韦克的七个 7

这个问题非常难，首先把商的几位设为 ab7cd，除数设为 UVWX7Y。

很显然，从商第 3 位(7)与除数相乘仍为六位数可以发现，U＝1，同理，也可以知道几个积为七位数的积的第一位必然是 1，另外，a 和 d 小于或等于 7，b 和 c 都大于 7。就这样一步步将可以确定的数字填写进去，逐步推理。最终结果：除数为 125473，被除数为 7375428413，商为 58781。

247. 圆木问题

根据题意画图如下：

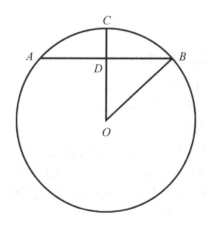

已知 $AB=10$(寸)，$CD=1$(寸)，求圆的半径 r。

$OB=r$，$OD=r-1$，$BD=5$

在三角形 BDO 中，根据勾股定理可以求出 $r=13$(寸)。

248. 筑堤问题

因为每人每天发 3 升米，共发了 430 石 9 斗 2 升米，所以合计用了 14364 人次。又因为第 1 天派 64 人，以后每天增加 7 人，所以可以持续派 $(1864-64)/7=257$ 天，还余 1 人。这是一个等差数列，第 1 天为 64，第 2 天为 $64+7$，第 3 天为 $64+7\times 2$，……，第 257 天为 $64+7\times 256$，第 258 天为 $64+7\times 257$。我们先来求它的和，为 $64\times 258+7\times(1+2+3+\cdots+257)=64\times 258+7\times(258\times 128+129)$ 远大于 14364，也就是说，没等这些人全部派完就已经修完了。因为这是一个等差数列。设天数为 x，根据题意得：

$14364=64+(64+7)+(64+7\times 2)+\cdots+[64+7\times(x-1)]$

解得 $x=56$(天)

所以一共修堤 56 天。

249. 造仰观台

设上底的宽为 x，则上底的长为 $x+3$，高为 $x+11$，下底的宽为 $x+2$，下底的长为 $x+3+4=x+7$，则根据这个梯形台的体积，列出方程为 $[2(x+2)(x+7)+2x(x+3)+x(x+7)+(x+2)(x+3)]\times(x+11)/6=0.075\times(1418+3222)\times 5$，解得 $x=7$(尺)。

代入即可求出梯形台的长宽高。

所以，上底的宽为 7 尺，长为 10 尺，高为 18 尺，下底宽为 9 尺，下底长为 14 尺。

250. 圆城问题(1)

如图所示：

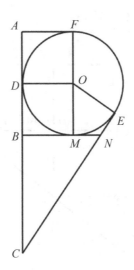

设这个圆城的半径为 r，则 $CD=CE=600-r$。

又因为 $MN=EN=72$

所以在三角形 BCN 中，运用勾股定理，可得：

$CN=\sqrt{(r+72)^2+(600-2r)^2}$

而 $CN+EN=CE$

代入 $\sqrt{(r+72)^2+(600-2r)^2}+72=600-r$

解得 $r=120$ 或 180

251. 圆城问题(2)

根据题意画图如下：

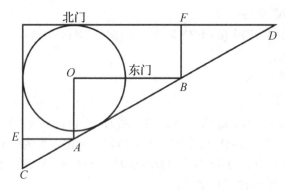

设圆城的半径为 x 步，由图可知 $AE=BF=x$。

因为 AEC 和 DFB 这两个都是直角三角形并且相似，所以有：

$(x/425)^2+(x/544)^2=1$

解得 $x≈334.91$(尺)

所以这个圆城的直径约为 669.82 步。

252. 方城问题

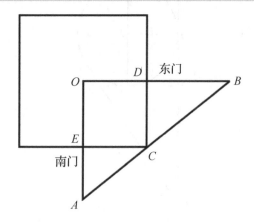

据题意，作图如上，其中 $OE=OD=5$，$(OA+AB)：OB=5：3$。

设 $OA=x$，$OB=y$，由勾股定理知 $AB^2=x^2+y^2$；

由三角形相似知 $DB/DC=EC/EA$，于是得到方程组：

$x+\sqrt{x^2+y^2}=5y/3$

$(x-5)(y-5)=25$

解得 $y=115/8$(里)$=14.375$(里)

所以甲走了 23.958 里，乙走了 14.375 里。

253. 葭生池中

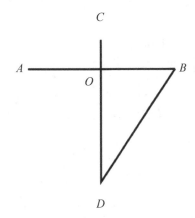

如上图所示，根据题意可知：AB 为 10 尺，O 为 AB 中点，CO 为 1 尺，$CD=BD$，求 DO 的长。

在三角形 OBD 中，设 $OD=h$，则 $BD=h+1$，$BO=5$，根据勾股定理：$h×h+5×5=(h+1)×(h+1)$

解得 $h=12$(尺)

所以水深为 12 尺，芦苇高度为 13 尺。

254. 望海岛

连接 CE 延长交 AB 于 I，设 $AI=x$，$CI=y$，因为三角形相似可以列出方程为

$y/x=123/5$

$(y+1000)/x=127/5$

解得 $x=1250$(步)；$y=30750$(步)

所以岛高为 $1250+5=1255$(步)，岛与前表相距 30750 步。

255. 望松生山上

设松树高 $AJ=x$ 尺，山离第一根木杆距离 $BD=y$ 尺。

因 $AJ/AB=CK/CD$，故 $AB=(20/2.8)x=50x/7$；

由 $AJ/CK=BG/DG$ 和 $AB/BH=EF/FH$，得方程组：

$x/2.8=(y+46)/46$

$(50x/7)/(y+353)=20/53$

解得 $x=122.8$(尺)；

$y=13800/7≈1971.43$(尺)

所以松树高为 122.8 尺，山离两根木杆距离各为 1971.43 尺和 2271.43 尺。

256. 南望方邑

设城边长 $AB=x$ 尺，城距木杆 $BD=y$ 尺。

由三角形相似可得方程组：

$30/22.65=(30+y)/x$

$80/60=(80+y)/x$

解得 $x=5662.5$(尺)；$y=7470$(尺)

所以城的边长为 5662.5 尺，城距离木杆 7470 尺。

257. 望深谷

设谷深 $MO=x$ 尺，谷宽 $OB=y$ 尺。

由三角形相似可得方程组：

$6/9.1=(6+x)/y$

$6/8.5=(36+x)/y$

解得 $x=419$(尺)

所以这个谷深 419 尺。

258. 登山望楼

设楼高 $AB=x$ 尺，$MO=y$ 尺，$BO=z$ 尺。

由三角形相似可得方程组：

$6/12=(6+y)/z$

$6/11.4=(36+y)/z$

$0.8/x=11.4/z$

解得 $x=80$(尺)

所以这座楼高 80 尺。

259. 南望波口

设河宽 $AB=x$ 尺，木杆 C 到 AB 延长线的距离为 y 尺。

由三角形相似可得方程组：

$60/40.2=(60+y)/(40.2x/12)$

$135/90=(135+y)/(40.2x/12)$

解得 $x=3000$(尺)

所以这条河宽 3000 尺。

260. 望清渊

设水深 $AB=x$ 尺，$OC=y$ 尺，$CB=z$ 尺，M 到岸的高度 $MP=h$ 尺。
由三角形相似可得方程组：

$3/2.4=(3+x+h)/y$

$3/4.5=(3+h)/(y+z)$

$3/2.2=(7+x+h)/y$

$3/4=(7+h)/(y+z)$

解得 $x=12$(尺)

所以水深 12 尺。

261. 登山望津

设河宽 $AB=x$ 尺；

由 $EF/AB=PE/CA$，得 $CA=41x/36$；

再由 $MC/CA=MP/PE$，得 $MC=10x/9$；

由 $NQ=MP$，得 $NO=NQ+QH+HO=MP+QH+PC=MC+QH=10x/9+306$；

最后由 $NQ/QG=NO/OB$，得：

$12/22=(10x/9+306)/(132+41x/36+x)$

解得 $x=4212$(尺)$=702$(步)

所以河宽 702 步。

262. 登山临邑

设城东墙 $AB=x$ 尺，城北墙 $AC=y$ 尺，$OE=h$ 尺。

由三角形相似可知：$AB/QF=OA/EQ$，得 $OA=2x$；

由三角形相似可得方程组：

$(3.5+h)/x=7/12$

$3.5/17.5=(43.5+h)/3x$

解得 $x=2400$(尺)

再由 $QP/AC=QF/AB$，得 $y=2000$(尺)。

所以这座城南北长 2400 尺，东西宽 2000 尺。

263. 临台测水

本题可以根据相似三角形求得答案。

因为三角形 EFG 与三角形 EIJ 相似，可设水深 EI 为 x 尺，则：

$x:IJ=5:12$

即 $IJ=12x/5$

又因为三角形 ABC 与 AHJ 相似，所以有

$AB:BC=AH:HJ$

即 $5:4.15=(x+30+5):(2+12x/5)$

解得 $x=17.23$(尺)
所以水退去的高度为 17.23 尺。

264. 四姐妹的年龄

把 15 分解因数，则 $15=3\times5\times1\times1$ 或 $15=15\times1\times1\times1$(双胞胎或者三胞胎)。

265. 走私

1/3 的货物重量为：$5.5-5.1=0.4$ 吨，所以货物一共有 1.2 吨，船身重量为：$5.5-1.2=4.3$(吨)。

266. 卖西瓜

大儿子拉了 200 斤，小儿子拉了 300 斤。

267. 酒精纯度

假设第一次混合时，甲种酒精取了 A 升，乙种酒精取了 B 升。根据题意，可知：

$$0.72A+0.58B=0.62\times(A+B) \quad (1)$$
$$0.72\times(A+15)+0.58\times(B+15)=0.6325\times[(A+15)+(B+15)] \quad (2)$$

从算式(1)得出

$$B=2.5A \quad (3)$$

从算式(2)得出

$$35A=21B-21 \quad (4)$$

将(3)式代入(4)式，得 $A=1.2$，代入(3)式，得 $B=3$。
第一次混合时，甲种酒精取了 1.2 升，乙种酒精取了 3 升。

268. 骑自行车

由每小时行 12 千米，5 小时到达可求出两地的路程，即返回时所行的路程。由去时 5 小时到达和返回时多用 1 小时，可求出返回时所用的时间。由此得返回时平均每小时所行路程为：$12\times5\div(5+1)=10$(千米)。

269. 上学路上

按两种速度走，相差的路程是 60×2 米，又知每分钟相差 $(60-50)$ 米，这就可以求出小明按 50 米/每分钟的速度走到学校的时间为：$60\times2\div(60-50)=12$(分)。
又因为 $50\times12=600$(米)，所以小明从家里到学校是 600 米。

270. 两个村庄

甲乙的路程是一样的，时间甲少 5 小时。设甲从东村到西村用 t 小时，可以得到：

$$12t=8(t+5)$$

解得 $t=10$，所以东西两村的距离为 120 千米。

271. 穿过隧道

(1) 火车的速度是：$(440-310)÷(40-30)=13$(米/秒)

(2) 车身长是：$13×30-310=80$(米)

272. 作家

作家第一次赚了 9000 元，第二次赚了 2000 元。第三次与他无关，所以作家一共赚了 11000 元。

273. 阅兵队

先求出 13、17、19 的最小公倍数 4199(注：因为 13、17、19 为两两互质的整数，故其最小公倍数为这些数的积)，然后再加 1 即为结果，所以这个方队最少有 4200 人。

274. 数学教授的问题

答案为 119。从题中可以看出，阶梯的阶数比 2、3、4、5、6 的公倍数小 1，同时台阶的总数又是 7 的倍数。而 2、3、4、5、6 的最小公倍数是 60。所以阶梯的阶数可能是 $n×60-1$，取 n 为正整数，那么可以列出可能的阶数是：59、119、179、…，其中，59 不是 7 的倍数，而 119 是 7 的倍数。所以台阶的阶数最少是 119。

275. 卖家电

第三个不用看，设第一个进价为 x 元，第二个进价为 y 元。

则 $x(1-20\%)=600$，$y(1+20\%)=600$

解得：$x=750$ 元，$y=500$ 元

$600+600-750-500=-50$(元)

所以他赔了，赔了 50 元。

276. 龟兔赛跑

当它们相遇的时候，兔子跑了全程的 1/6，而兔子跑的这段时间内，乌龟跑了 17/24，也就是说，乌龟的速度是兔子速度的 17/4 倍。兔子还有 5/6 圈的路程要跑，而乌龟只有 1/6 圈，所以兔子的速度就必须至少是乌龟的 5 倍，也就是它自己原来速度的 85/4 倍才行。

277. 利润问题

小王赚了 26 个百分点的利润。设手机的本钱为 1，那么卖给客户时的交易价格是 1.3，回收的价格是 $1.3×0.8=1.04$。

小王先后的总支出是手机三个月的使用，总收入是 $1.3-1.04=0.26$。

278. 说真话的概率

"A 声称 B 否认 C 说 D 是说谎了"等价于"A 声称 B 认为 C 说 D 是说真话"。因为每个人说真话的概率都是 1/3，所以这个条件可以有如下的几种可能：

D 真 C 真 B 真 A 真，概率为 1/3×1/3×1/3×1/3＝1/81；
D 真 C 假 B 假 A 真，概率为 1/3×2/3×2/3×1/3＝4/81；
D 真 C 假 B 真 A 假，概率为 1/3×2/3×1/3×2/3＝4/81；
D 真 C 真 B 假 A 假，概率为 1/3×1/3×2/3×2/3＝4/81；
D 假 C 假 B 真 A 真，概率为 2/3×2/3×1/3×1/3＝4/81；
D 假 C 真 B 假 A 真，概率为 2/3×1/3×2/3×1/3＝4/81；
D 假 C 真 B 真 A 假，概率为 2/3×1/3×1/3×2/3＝4/81；
D 假 C 假 B 假 A 假，概率为 2/3×2/3×2/3×2/3＝16/81。

这样，D 说了真话的概率是：(1+4+4+4)/(1+4+4+4+4+4+4+16)＝13/41。

279. 几人及格

及格人数至少有 62 人。

第 1 题做错：20 人

第 2 题做错：28 人

第 3 题做错：16 人

第 4 题做错：12 人

第 5 题做错：44 人

因第 4 题做错而不及格的最多有 12 人(人最少)，要不及格至少还要做错另外两道，做错另外两道的人数分配为：

(1) 先取错得最多的第 5 题，44－12＝32 还最多(第 1 题做错 20，第 2 题做错 28，第 3 题做错 16)。

(2) 余下的一道错题的 12 人次在 1、2、3 题中选，要均匀，第 2 题做错选 8 人次(第 1 题做错 20，第 2 题做错 20，第 3 题做错 16)，剩下 4 人次，选 2 人次第 1 题，选 2 人次第 2 题，结果剩下：第 1 题做错 18，第 2 题做错 18，第 3 题做错 16，第 5 题做错 32。

同上方法：因第 3 题做错而不及格的最多 16 人(人最少)，先取错得最多的第 5 题剩 32－16＝16，再取第 1 题做错 8(剩 10)，第 2 题做错 8(剩 10)。结果剩下：第 1 题做错 10，第 2 题做错 10，第 5 题做错 16。

同上方法：因第 1 题做错而不及格最多 10 人(人最少)，先取错得最多的第 5 题剩 16－10＝6，再取第 2 题做错 10，结果剩下：第 5 题做错 6。所以最后不及格人数最多为 12＋16＋10＝38 人，即及格人数至少为 100－38＝62 人。

还有一种解法：

假设做对一题得 20 分，满分为 100 分，60 分为及格。

由题意得出 100 人的总分为：(80＋72＋84＋88＋56)×20＝7600。

7600 分给 100 个人要使不及格人数最多的分配方案：

先每人分得 40 分，消耗了 40×100＝4000 分，还余下 3600 分要集中分配给尽可能少的人：

因为有 56 个人可能得 100 分，则给这 56 人补足 100 分，还余下 3600－56×60＝240(分)，可以分给 6 个人每人 40 分，这样这 100 人中，56 人得 100 分，6 人得 80 分，其余 38 人得 40 分，即及格人数至少有 56＋6＝62(人)。

280. 马车运菜

要想运回更多的菜，必须运货时最大化(即每次运 1000 公斤)，回去的时候最小化(够马吃就行)，即每次只前进 1 公里，所以分以下几种情况讨论。

当菜量大于 2000 公斤时，要运 3 次，每公里损耗 5 公斤菜；当菜量大于 1000 公斤时，要运 2 次，每公里损耗 3 公斤菜；当菜量小于或等于 1000 公斤时，就能直接运往终点，且每公里只损耗 1 公斤菜。

(1) 1000/5＝200(公里)，走完 200 公里时损耗菜量 200×5＝1000(公斤)，余 2000 公斤。

(2) 1000/3＝333.3(公里)，再走完 333.3 公里时损耗菜量 333.3×3＝1000(公斤)，余 1000 公斤。

(3) 剩下 1000 公斤菜，需要走 1000－200－333＝467(公里)，所以最后剩下的可以运到城镇的菜量为 1000－467＝533(公斤)。

281. 兔子背胡萝卜

先背 50 根到 25 米处，这时，吃了 25 根，还有 25 根，放下。回头再背剩下的 50 根，走到 25 米处时，又吃了 25 根，还有 25 根。再拿起地上的 25 根，一共 50 根，继续往家走，还剩 25 米，要吃 25 根，到家时剩下 25 根。

282. 砝码称重

从这四个砝码中任意选择两个组合，可以产生的不同组合是：(10 克，20 克)，(10 克，40 克)，(10 克，80 克)，(20 克，40 克)，(20 克，80 克)，(40 克，80 克)。

所以可以称 10 克(20－10)、20 克(40－20)、30 克(10＋20)、40 克(80－40)、50 克(10＋40)、60 克(20＋40)、70 克(80－10)、90 克(10＋80)、100 克(20＋80)、120 克(40＋80)，共计 10 种不同的重量。

283. 称量水果

把 10 个箱子分别编号 1～10，第 1 箱取 1 个，第 2 箱取 2 个，……，第 10 箱取 10 个，放在秤上一起秤。本来应该是 55×500 克，当混入每个 400 克的桃子时，总重量会减少。减少几百克，就说明有几个 400 克的桃子，也就知道几号箱子里是 400 克的桃子了。

284. 丢手绢游戏

一共有 24 人参加游戏。因为每个人都与两个性别相同的人相邻，而参加游戏的孩子又有男有女，也就是说他们一定是男孩和女孩交叉排列的。有 12 个女孩就一定还有 12 个男孩，所以一共是 24 个孩子。

285. 掷骰子(1)

因为不可能掷到 1,实际上只有掷到 2～6 甲才能赢。掷到 2 的概率是 1/36,掷到 3 的概率是 2/36,掷到 4 的概率是 3/36,掷到 5 的概率是 4/36,掷到 6 的概率是 5/36,总和为 5/12。而乙赢的概率是 7/12。二者相差 1/6。

286. 掷骰子(2)

小李的情况出现的概率是 $4×1/6×5/6×5/6×5/6=500/1296$,小王的情况出现的概率是 $1-500/1296=796/1296$。所以小王获胜的可能性大。

287. 硬币的正面与反面

一个正面一个背面有两种情况,所以应该是 1/4。

288. 市长竞选

按照最少的候选人数投票,也就是说,假设这 49 票都投给了其中的 4 个人,那么第三名一定要得到比平均数多的票才能超过第四名,确保当选。而平均数是 $49/4=12.25$,所以至少要得到 13 票,才能确保当选。

289. 男孩和女孩

由于每个人都看不到自己头上戴的帽子,所以男孩看来是一样多,则说明男孩比女孩多 1 个,设女孩有 x 人,那么男孩有 $x+1$ 人。而在每一个女孩看来,天蓝色游泳帽是粉红色游泳帽的 2 倍。也就是说,$2(x-1)=x+1$,解得 $x=3$。所以男孩 4 个,女孩 3 个。

290. 合伙买啤酒

甲带了 18 元,乙带了 24 元,丙带了 7 元,丁带了 63 元。

设甲的钱数加上 3 元等于 x 元,然后分别表示出甲、乙、丙、丁的钱数,即可求出 x,从而求出四个人的钱数。

291. 赛跑比赛

小兔子的速度是小狗的 90%,小马的速度是小兔子的 90%,小山羊的速度是小马的 105%。所以,小山羊的速度是小狗的 85.05%,所以小狗先到终点,小山羊还差 14.95 米。

292. 动物园

百灵鸟。分别假设每种动物,然后推理看是否有矛盾即可。

293. 号码

倒着看时仍然是数字的数字只有 0、1、6、8、9。很容易就可以推出,小杜运动服上的号码是 1896。

294. 羽毛球循环赛

6 个人胜的场数和败的场数应该是一样的,前五个人胜了 14 场,败了 16 场。

也就是说，第六个人胜的场数应该比败的场数多 2 场。又因为每个人都要比赛 6 场，所以成绩应该是 4 胜 2 败。

295. 年龄

可能的年龄有：31 岁和 13 岁、42 岁和 24 岁、53 岁和 35 岁、64 岁和 46 岁、75 岁和 57 岁、86 岁和 68 岁、97 岁和 79 岁。根据儿子的说法，他们的年龄应该是 64 岁和 46 岁。

296. 电话号码

2178。

297. 考试分数

两个数字对调的差总是 9 或 9 的倍数。由此可知：甲是 54，乙是 45，丙是 4.5。

298. 奇怪的数字

在数字中，除 0 外，只有 1 和 8 照出来依旧是数字，所以两个数的乘积是 81，和是 18，而这个数的个位与十位应该都是 9。这个数是 99。

299. 伪慈善

因为如果真如他所说，最少给了 1 个一元硬币，而且每个人得到的又不相同，那至少应该有 1＋2＋3＋4＋5＋6＋7＋8＋9＋10＝55 个硬币，不可能是他说的 50 个。

300. 排数字

顺序为 2、4、1、3。

首先和为 5 只有两种可能，1＋4 或 2＋3。还需要满足第二个条件，那么就只有 1 和 4 符合要求了。这样就可以确定出来四个数字的位置。

301. 平均分

如果他第 10 次依然得 80 分，那么他的平均分就是 80 分，而要使平均分多一份，则需要增加 10 分，即得 90 分。

302. 三个数字

设第二个数为 x，那么第一个数为 $5x+1$，第三个数为 $5(5x+1)+1=25x+6$

$5x+1+x+25x+6=100$

$x=3$

所以，第二个数是 3。

303. 折页

首先计算一下 1＋2＋3＋…＋45，结果是 1035。所以折起的两页之和为 35，也就是 17、18 两页。

304. 插图

第一个插图在第 2 页，第二个插图在第 6 页，也就是说中间隔了 4 页。所以第

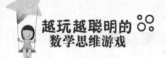

10 幅插图在 2＋9×4＝38 页。

305. 三堆硬币

倒着推即可。因为一共有 48 枚硬币，最后三堆数量相同，即每堆 48/3＝16 枚。第三次放入第一堆的硬币数为 16/2＝8 枚，即第三堆有 16＋8＝24 枚。所以第二次放入第三堆的硬币数为 24/2＝12 枚，即第二堆有 16＋12＝28 枚硬币。第一次放入第二堆的硬币数为 28/2＝14 枚，所以第一堆有 8＋14＝22 枚硬币。

所以，最开始的时候，第一堆有 22 枚硬币，第二堆有 14 枚硬币，第三堆有 12 枚硬币。

306. 小明吃苹果

设他先吃掉 x 个，剩下 $x-4$ 个。根据题意得
$$x+1=3(x-4-1)$$
解得 $x=8$，剩下的苹果有 $8-4=4$(个)。
所以一共有苹果 $8+4=12$(个)。

307. 平均速度

如果你觉得是 (20＋10)/2＝15 千米/时，那就错了。
正确的方法为：
设这段距离为 s，则上学所用的时间为 $s/20$，放学所用的时间为 $s/10$。平均速度为 $2s/(s/20+s/10)=\dfrac{40}{3}$ (千米/时)。

308. 装修

由题意得
$$60\times60\times250/50\times50=360(块)$$
所以需要 360 块。

309. 读书

设这本书有 x 页。列方程得
$$x/9+x/9+12=2x/3$$
解得 $x=27$。
所以这本书有 27 页。

310. 股份

设甲有股份 x，则乙有股份 $1-x$。列方程得
$$80\%x=1-x+20\%x$$
解得 $x=5/8$。
所以甲有 5/8 股份，乙有 3/8 股份。

311. 卖报纸

分别求出只买《日报》《晚报》《晨报》的人数，分别为 50－12－13－3＝22，60－14－12－3＝31，70－14－13－3＝40。所以顾客人数为 14＋13＋12＋3＋22＋31＋40＝135 人。

312. 种树

由已知得，其他 6 个小队共种了 100－18＝82 棵，为了使种树最少的小队种的树最少，那么其余 5 个小队应该越多种越好，有 17＋16＋15＋14＋13＝75 棵，所以最少的小队最少要种 82－75＝7 棵。

313. 玻璃球

小明说："你的球的个数比我的少 1/4！"，则可设小明的球的个数为 4 份，小亮的球的个数为 3 份。由此可得

$$4×1/6＝2/3(小明要给小亮 2/3 份玻璃球)$$

小明还剩：$4－2/3＝3\frac{1}{3}$(份)；

小亮现有：$3＋2/3＝3\frac{2}{3}$(份)。

这多出来的 1/3 份对应的数量为 2，故 1 份里球的个数为 3×2＝6(个)。

小明原有 4 份玻璃球，又知每份玻璃球为 6 个，所以小明原有玻璃球数为 4×6＝24(个)。

314. 加工零件

设甲做了 x 个零件，则乙做了 $(242－x)$ 个零件。

根据题意可知：$6x＝5(242－x)$

解得：$x＝110$

所以甲做了 110 个零件，乙做了 242－110＝132 个零件。

315. 田径组成员

设原来田径队男女生一共有 x 人。

$1/3x＋6＝4/9(x＋6)$

$x＝30$

$x/3＋6＝16$

现在有女生 16 人。

316. 剩下的牌

积是 24 有两种情况：3、8；4、6。

商是 3 的可能有三种情况：1、3；2、6；3、9。

综合起来只有一种情况可能：A 拿的两张牌是 1、9；B 为 4、5；C 为 3、8；D 为 6、2。剩下的那张牌是 7。

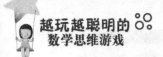

317. 火车过桥问题

火车过桥时间为：(车长＋桥长)/火车车速。

火车的速度 64.8 千米/时，即 18 米/秒。

某列车通过 250 米长的隧道用 25 秒，通过 210 米长的铁桥用 23 秒，因为路程差除以时间差等于火车车速，所以该火车车速为(250－210)/(25－23)＝20(米/秒)。

该火车车长为 20×25－250＝250(米)或 20×23－210＝250(米)。

所以该列车与另一列长 320 米、速度为 64.8 千米/时的火车错车时需要的时间为(320＋250)/(18＋20)＝15(秒)。

318. 找规律

从规律看出：这是一个等差数列，且首项是 2，公差是 3，这样第 1995 项＝2＋3×(1995－1)＝5984。

319. 数字规律

第一排两个数相加，然后乘以第二排第一个数，等于第二排第二个数。

答案是(2＋4)×5＝30。

320. 不能被除尽

我们发现：1、2、3、4、5、6、7、…中，从 1 开始每三个数一组，每组前 2 个数不能被 3 除尽，2 个一组，100 个就有 100÷2＝50 组，每组 3 个数，共有 50×3＝150，那么第 100 个不能被 3 除尽的数就是 150－1＝149。

321. 连续偶数的和

28 个偶数成 14 组，对称的 2 个数是一组，即最小数和最大数是一组，每组和为 1988÷14＝142，最大数与最小数相差 28－1＝27 个公差，即相差 2×27＝54，这样转化为和差问题，最大数为(142＋54)÷2＝98。

322. 商数与余数相等

因为 34×28＋28＝35×28＝980＜1000，所以只有以下几个数：

34×29＋29＝35×29
34×30＋30＝35×30
34×31＋31＝35×31
34×32＋32＝35×32
34×33＋33＝35×33

以上数的和为 35×(29＋30＋31＋32＋33)＝5425。

323. 黄色卡片

因为每次得到若干个数，进行了若干次，所以比较难把握，不妨从整体考虑，先退到简单的情况分析： 假设有 2 个数 20 和 30，它们的和除以 17 得到黄卡片上的数为 16，如果分开算分别为 3 和 13，再把 3 和 13 求和除以 17 仍得黄卡片上的数 16，也就是说不管几个数相加，总和除以 17 的余数不变，回到题目 1+2+3+⋯+134+135=136×135÷2=9180，9180÷17=540，135 个数的和除以 17 的余数为 0，而 19+97=116，116÷17=$6\frac{14}{17}$，所以黄卡片的数是 17−14=3。

324. 排列的规律

先找出规律：每个式子由 2 个数相加，第一个数是 1、2、3、4 的循环，第二个数是从 1 开始的连续奇数。因为 1992 是偶数，2 个加数中第二个一定是奇数，所以第一个必为奇数，所以是 1 或 3，如果是 1，那么第二个数为 1992−1=1991，1991 是第(1991+1)÷2=996 项，而数字 1 始终是奇数项，两者不符，所以这个算式是 3+1989=1992，是(1989+1)÷2=995 个算式。

325. 相同的项数

易知第一个这样的数为 5，注意在第一个数列中，公差为 3，第二个数列中公差为 4，也就是说，第二对数减 5 既是 3 的倍数又是 4 的倍数，这样所求转换为求以 5 为首项，公差为 12 的等差数列的项数，5、17、29、⋯，由于第一个数列最大为 2+(200−1)×3=599，第二个数列最大为 5+(200−1)×4=801，新数列最大不能超过 599，又因为 5+12×49=593，5+12×50=605，所以共有 50 对。

326. 找数字规律

应该是 64。每个数字依次是 1、2、3、4、5、6 的立方。

327. 组成单词

是 goodbye。

328. 写数列

11、5

分为奇数项和偶数项，分别有一个规律。奇数项的规律是 1、3、5、7、⋯，偶数项的规律是 10、9、8、7、⋯。

329. 下一个数字

下一个数字是 17。是从小到大的质数排列。

330. 字母排列

是 E。
奇数项和偶数项分别按字母顺序表排列。

331. 代表什么

正六边形代表 6。根据图形的边数得到此规律。

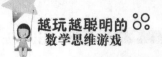

332. 排列规律

最后一个数字是129。

规律是：

9+3=12

12+(3×3)=21

21+(3×3×3)=48

48+(3×3×3×3)=129

333. 数字找规律(1)

15。前一项与后一项之差构成一个等差数列。

334. 数字找规律(2)

6。每两项之差构成一个等差数列。

335. 数字找规律(3)

5。奇数项为8、7、6、…，偶数项为6、5、4、…。

336. 数字找规律(4)

4。将每项开二次方后即为下一项。

337. 数字找规律(5)

1。奇数项为1、−1、1、−1、…，偶数项为0。

338. 数字找规律(6)

2。将后一项平方减1即为前一项。也就是说将前一项加1后开方即为后一项。

339. 智力测验(1)

2+3=5，5+3=8，8+3=11，11+3=14。所以答案为14(等差数列)。

340. 智力测验(2)

答案为14。隔项成等差数列。

341. 智力测验(3)

2×3+1=7，7×3+3=24，24×3+5=77，77×3+7=238。所以答案是238。

342. 填数字

124。观察可得出数列公式为 N^3-1，N 为项数。

343. 猜数字(1)

720。相邻两个数的商分别为2、3、4、5、6。

344. 猜数字(2)

40。奇数项为公差为5的等差数列，偶数项为公差为4的等差数列。

345. 猜数字(3)
32。每两项之积为后一项。

346. 猜数字(4)
5。奇数项为1、3、5、7、…，偶数项为10、5、0、−5、…。

347. 猜数字(5)
8。奇数项之差为3、7、3、7、3、7、…的数列，偶数项之差为7、3、7、3、7、3、…的数列。

348. 数字的规律
每个数字都是前一个数字的平方加前面第二个数字的平方，所以$29 \times 29 + 5 \times 5 = 866$。

349. 有名的数列(1)
34。这是一个著名的斐波那契数列，它的规律是每一个数等于前面两个数之和。这个数列有很多有趣的数学性质，所以非常有名。

350. 有名的数列(2)
47。这同样是一个有名的数列，叫卢卡斯数列，是仿斐波那契数列，从第三个数字开始，每个数都等于它前面两个数之和。最神奇的是任意取两个相邻的数，然后用大数去除以小数，得到的结果是一个接近"黄金比例"1.618……的数，而且越到后面越接近。

351. 天才测验(1)
分子与分母有不同的规律。

分子的规律是：前一项与后一项的差成等差数列，所以是31。

分母的规律是：

$5 = 1 \times 5$

$20 = 2 \times 10$

$51 = 3 \times 17$

$104 = 4 \times 26$

后面的数的差又成等差数列，所以下一个是$5 \times 37 = 185$。

所以为31/185。

352. 天才测验(2)
后一项与前一项的差成等比数列，所以是238。

353. 天才测验(3)
25。规律是：

$7 \times 2 - 4 = 10$

10×3−5=25

25×4−6=94

94×5−7=463

354. 下一个数字是什么

21。前一项加 1 等于后两项之和。

355. 寻找数字规律

50。这是一个著名的大衍数列，它的规律是：如果是第奇数项(n)，那么这个数是$(n^2-1)\div 2$；如果是第偶数项(n)，那么这个数是 $n^2\div 2$。这个数列可以用来解释中国的太极衍生原理，所以非常有名。

356. 字母旁的数字

字母旁边的数字是代表这些字母在字母表中的序号，所以答案为 23。

357. 猜字母(1)

N。

1、2、3、4、5、6、7、8、9 的英文 one、two、three、four、five、six、seven、eight、nine 的第一个字母。

358. 猜字母(2)

键盘第二排 L。

359. 猜字母(3)

键盘第一排 Y。

360. 字母找规律

M。在字母表中，每两个字母间都隔着两个其他字母，所以后面的横线上应该填 M。

361. 智力测验

是 V。

362. 填字母

S、S

这七个字母是英文星期的第一个字母。

星期一 Monday

星期二 Tuesday

星期三 Wednesday

星期四 Thursday

星期五 Friday

星期六 Saturday

星期天 Sunday

363. 缺的是什么字母

M、J、O、N

这十二个字母是英文月份的第一个字母。

一月：January 简写 Jan.

二月：February 简写 Feb.

三月：March 简写 Mar.

四月：April 简写 Apr.

五月：May 简写 May.

六月：June 简写 Jun.

七月：July 简写 Jul.

八月：August 简写 Aug.

九月：September 简写 Sep. / Sept.

十月：October 简写 Oct.

十一月：November 简写 Nov.

十二月：December 简写 Dec.

364. 代表的数字

心代表数字 6，笑脸代表数字 2。

只需列个方程组即可，设心代表的数字为 x，笑脸代表的数字为 y，则

$$\begin{cases} 3x+y=20 \\ x+3y=12 \end{cases}$$

解得：$\begin{cases} x=6 \\ y=2 \end{cases}$

所以心和笑脸代表的数字分别为 6 和 2。

365. 填数游戏

我们发现 1＋2＋4＋6＋9 正好等于 22。也就是说，只要我们用数独的填法，即让每行、每列及对角线上的数字都不重复，就可以满足要求(答案不唯一)。

具体填法如下图所示：

1	2	6	9	4
4	6	9	1	2
9	4	2	6	1
2	9	1	4	6
6	1	4	2	9

366. 等于10

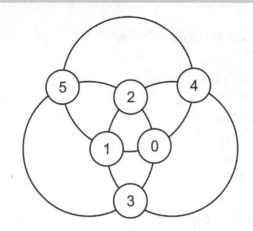

367. 两数之差

在1~8这八个数中,只有1与8各只有一个相邻数(分别是2与7),其他六个数都各有两个相邻数。而下图中的C圆圈,它只与H不相连,因此如果C填上了2~7中的任何一个,那么只有H这一个格子可以填进它的相邻数,这显然不可能,于是C内只能填1(或8)。同理,F内只能填8(或1),A内只能填7(或2),H内只能填2(或7),再填其他四个数就方便了。

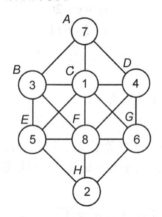

368. 字母问题

两个问号都是11。

369. 中间数字

中间填9。首先计算出1~9这九个数字的和为45,而要使两条线上的数字之和都是27,需要27+27=54。45与54之间差9。也就是说,必须有个9是共用的才行。所以中间数字为9。

370. 算式阵

⑦ + ④ + ⑤ =16
× × ×
⑧ + ⑨ ÷ ③ =11
+ − −
⑥ + ① × ② =8
=62 =35 =13

371. 圆圈数字

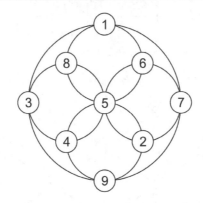

372. 剔除的数字

	15	25	20
15		20	25
20	25		15
25	20	15	

373. 数字金字塔

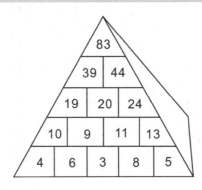

374. 填数字

这五个数分别为：2、78、156、39、4。这样 2×78＝156＝39×4。

375. 幻方

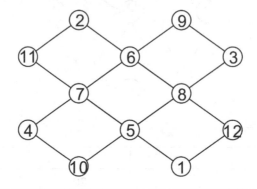

376. 菱形方阵

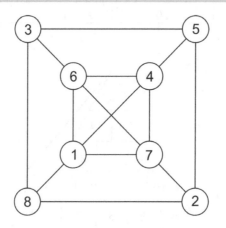

377. 调换数字

378. 计算数字

(1) 只要不是 0 即可。

(2) 5 或 0。

379. 不等式

本题答案不止一种，只要符合要求就可以。

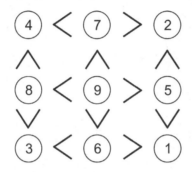

380. 重叠

因为 $AB：BC：CD=2：1：4$，所以可以推出 $BC：AC：BD=1：3：5$。又因为它们的面积差为 48，而正三角形的面积比等于边长比的平方，所以可以求出两个三角形的面积分别为 27、75。从而得出阴影部分的面积为 $75×1/25=3$。

381. 内接图形

设圆的半径为 1，这样大正方形的边长则为 2，小正方形的对角线为 2，那么小正方形的边长为 $\sqrt{2}$，所以大小两个正方形的面积比为 $4：2$ 即 $2：1$。

382. 填数字

填 38。这九个数字按照"己"字形顺序，每两个数之间的差为等差数列，即 9, 8, 7, 6, 5, 4, 3, 2。

383. 找规律

答案为 32 或 8。如果按顺时针观察，从 1 开始，两个数的乘积等于第三个数，这样是 32。如果看对角，相对的两个角的数字间是 4 倍的关系，这样是 8。

384. 太阳光

是 66。从最上面的 4 开始，顺时针观察，每两个数之间的差分别为 2、4、8、16、32。

385. 数字与图形

在四个小正方形中，对角线分割开的数字代表图形的边数。所以问号代表的数字是 4。

386. 四则运算

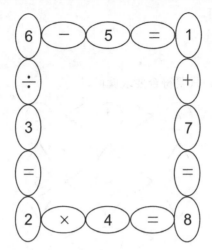

或

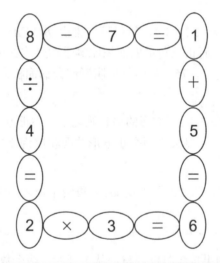

387. 寻找公式

中间的数字等于旁边的三个数字的平方和。

388. 数字关系

问号代表的数字应该是 11。

关系为上面的数字等于中间的两个数字和减去下面的两个数字和。

389. 三数之和

首先根据 5 和 9 可以确认中间圆圈中的数字为 7，这样就可以填上其他数字了。

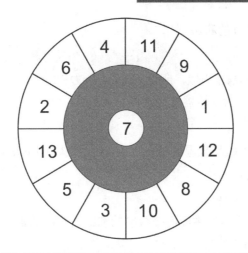

390. 结果相同

填完之后的算式为：$4×6÷2=12$，$8÷2×3=12$。

391. 重叠的圆

问号代表的数字是 4。上面的数字代表的是有几个圆在此处重叠。

392. 数字规律

问号代表的数字是 36。根据乘法口诀，每个数都是它前面一个数的个位乘它的十位得出的。

393. 九个数字

$$\begin{array}{r} ①\,⑦ \\ \times\quad ④ \\ \hline ⑥\,⑧ \end{array} + ②\,⑤ = ⑨\,③$$

394. 树冠上的数字(1)

从下数第二层数字开始，每个数字都等于它下面两个数字的乘积。所以最顶端的数字为 $80×36=2880$。

395. 树冠上的数字(2)

从下数第二层数字开始，每个数字都等于它下面两个数字的和。所以最顶端的数字为 $47+31=78$。

396. 奇怪的关系

应该是 C。

从图中可以发现，每个田字格中的四个数字，第一个数字和第四个数字之和等于另外两个数字平方的和。

397. 影子

因为△CDE与△BAE相似，所以 $CD:AB=DE:AE$，即 $1.8:AB=2:5$。
又因为 $AB=4.5$，所以这盏灯离地面有4.5米。

398. 华氏温度

因为摄氏温度/℃＝(华氏温度/℉－32)/1.8，所以104℉相当于40℃。

399. 房顶的数字

问号代表的数字是18。
规律为房顶的数字等于中间两个数字的和减去下面的数字。

400. 水滴数字(1)

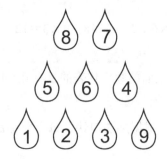

401. 水滴数字(2)

402. 伞上的数字

应该是数字4。
  规律为外圈上每一个三角形中的两个数字的乘积等于内圈顺时针第 2 格内的数字。

403. 花瓣上的数字(1)

这些数字之间的规律为花蕊处的数字等于相对的两片花瓣上的数字之和。

所以第一个问号代表的数字是18，第二个问号代表的数字是29。

404. 花瓣上的数字(2)

两片相对的花瓣上的数字相加，然后用大的数减去小的数，得到的差就是花蕊处的数字。

所以问号代表的数字是7。

405. 双环填数

问号代表的数字是9。

规律是把外环中的每个数的个位和十位分别相乘，所得的积加上1，就等于内环中对面的那个数。

406. 三环填数

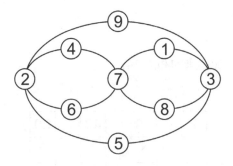

本题还有别的答案，只要满足要求就算正确。

407. 填数游戏

应该是8。

上面两个数字的个位与个位相加，十位与十位相加，然后相乘，积为下面的数字。

408. 数字之和

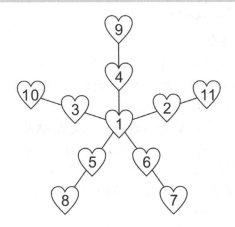

409. 等边三角形

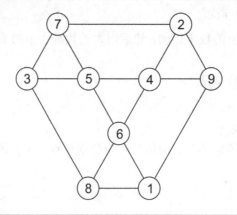

410. 缺少的数字

应该是 4。

规律是每行的数字加起来的和为 14。

411. 填数字

7	10	−	43	20
+	×		÷	=
3	9		11	6
×	+		+	÷
2	1		12	8
÷	5	−	−	×
			4	

412. 填符号

(4×7÷2＋8＋9)×6÷3＝62

413. 猜帽子上的数字

策略存在，100 个人从 0 到 99 编号，每个人把看到的其他 99 个人帽子上的数字加起来，取和的末两位数字，再用自己的编号减去这个数字，就是他要说的数字（如果差是负数，就加上 100）。

证明：假设所有人帽子上数字的和的末两位是 S，编号 n 的人帽子上数字是 X_n，他看到的其他人帽子上数字和的末两位是 Y_n，则有 $X_n=S-Y_n$（如果差是负数，就加上 100）。每个人说的数字是 $Z_n=n-Y_n$（如果差是负数，就加上 100），因为 S 是在 0～99 之间的一个不变的数字，所以编号 $n=S$ 的那个人说的数字 $Z_s=S-Y_s=X_s$，也即他说的数字等于他帽子上的数字。

414. 各是什么数字

每个人都知道自己的数或为另外两人之和，或为两人之差。

第一轮A回答不知道，可以得出什么结论？

来个逆向思维，考虑什么情况下A可以知道自己头上的数。只有一种可能，那就是B＝C。因为此时B－C＝0，这时A知道自己头上的数一定为B＋C。

所以从A回答不知道可以推论出B≠C。

B回答不知道，说明什么？

还是逆向思维，考虑什么情况下B可以知道自己头上的数。和A一样，当A＝C时，B可以知道。

但除此之外，B从A回答不知道还可以推论出自己头上的数字与C头上的不相等，于是当A＝2C时，B也可以推论出自己头上的数字为A＋C，因为此时A－C＝C，而B是知道自己头上的数字与C不相等的。

所以从B回答不知道可以推论出A≠C，A≠2C。

C回答不知道，由上面类似的分析可以推论出A≠B，B≠2A，

此外还可以推出B－A≠A/2，即B≠3A/2，和A≠2B。

最后A回答自己头上的数字是20。

那么什么情况下A可以知道自己头上的数字？有以下几种情况：

(1) C＝2B，此时A知道自己头上的数字不可能是C－B＝B，而只能是C＋B＝3B。但20不能被3整除，所以排除了这种情况。

(2) B＝2C与上面类似，被排除。

(3) C＝3B/2，此时A知道自己头上的数字不可能是C－B＝B/2，因而只能是A＝B＋C＝5B/2＝20，B＝8，而C＝3B/2＝12；

(4) C＝5B/3，此时A知道自己头上的数字不可能是C－B＝2B/3，只可能是8B/3，但求出B不是整数，所以排除。

(5) C＝3B，此时A知道自己头上的数字不可能是C－B＝2B，只可能是4B，推出B＝5，C＝15。

(6) B＝3C，此时A知道自己头上的数字不可能是B－C＝2C，只可能是B＋C＝4C，推出B＝15，C＝5。

所以答案有3个：B＝8、C＝12，B＝5、C＝15和B＝15、C＝5。

415. 纸条上的数字

两人手中纸条上的数字都是4。两个自然数的积为8或16时，这两个自然数只能为1、2、4、8、16。可能的组合为：1×8，1×16，2×4，2×8，4×4。

当皮皮第一次说推不出来时，说明皮皮手中的数字不是16，如果是16，他马上可知琪琪手中的数字是1，因为只有16×1才能满足条件，他猜不出来，说明他手中不是16，他手中的数字可能是1、2、4、8。同理，当琪琪第一次说推不出时，

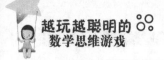

说明她手中的数字不是16，也不是1，如果是1，她马上可知皮皮手中的数字是8，因前面已排除了16，只有8×1=8能符合条件了，她手中的数字可能是2、4、8。

皮皮第二次说推不出时，说明他手中的数字不是1或8，如果是1，他能推出琪琪手中的数字是8，同理是8的话，能推出琪琪手中的数字是2，这样皮皮手中的数字只能是2或4。琪琪第二次说推不出时，说明琪琪手中的数字只可能是4，只有是4时才不能确定皮皮手中的数字，如果是2，她可推出皮皮的数字只能是4，因为只有2×4=8符合条件；如果是8，皮皮手中的数字只能是2，因为只有8×2=16符合条件。

因此第三轮时，皮皮能推出琪琪手中纸条上的数字是4。

416. 纸片游戏

第一次，S说不知道，说明P肯定不是1，P也说不知道，说明S不是2。为什么？因为如果P是1，S马上就知道自己是2了。他说不知道，P就知道自己肯定不是1，如果这个时候S是2的话，P就能肯定自己应该是3了。所以S不是2。

第二次，S说不知道，说明P不是3，因为前一次S说不知道，P知道自己肯定不是2，如果S是3的话，P马上就知道自己是4了，所以S不是3，而P又说不知道，说明S不是4，因为S从P又说不知道，得知自己不是3，如果S是4，P马上就能知道自己应该是5了，所以S也不是4。

第三次，S又说不知道，说明P不是5，因为第二次最后P说不知道，S就知道自己不是4了，如果P是5的话，S马上就知道自己是6了，同样，S不是6，因为P从S说不知道，得知自己不是5，如果S是6的话，P马上就知道自己应该是7了，所以P还是不知道。最后，S说他知道了。因为他从P不知道中得知自己不是6，而他看到P头上的号码是7，他就知道，自己是8了。所以他知道了，而P听到S说知道了，就判断出S是8了，所以P马上知道自己是7了。

417. 猜数字(1)

甲说道："我知道乙和丙的数字是不相等的！"所以甲的数字是单数。只有这样才能确定乙、丙的数字之和是个单数，所以肯定不相等。

乙说道："我早就知道我们三个的数字都不相等了！"说明第二个人是大于6的单数。因为只有他的数字是大于6的单数，才能确定甲的单数和他的不相等，而且一定比他的小，否则和会超过14。

这样，第三个人的数字就只能是双数了。

而第三个人说他知道每个人手上的数字了，那他根据自己手上的数字知道前两个人的数字之和，又知道其中一个是大于6的单数，且另一个也是单数，可知这个和是唯一的，那就是7+1=8。如果前两人之和大于8，比如是10，就有两种情况9+1和7+3，这样的话，第三个人就不可能知道前两个人手中的数字。

这样就知道三个人手上的数字分别是1、7、6。

418. 猜数字(2)

将同学 S 和 P 的回答依次编号为 S1、P1、S2。

设这两个数为 x、y，和为 s，积为 p。

由 S1 可知，P 不知道这两个数，所以 s 不可能是两个质数相加得来的，而且 $s \leqslant 41$。因为如果 $s>41$，那么 P 拿到 $41 \times (s-41)$ 必定可以猜出 s 了。所以 s 为 11、17、23、27、29、35、37、41 之一，设这个集合为 A。

(1) 假设和是 11。$11=2+9=3+8=4+7=5+6$，如果 P 拿到 18，$18=3 \times 6=2 \times 9$，只有 $2+9$ 落在集合 A 中，所以 P 可以说出 P1，但是这时候 S 能不能说出 S2？我们来看，如果 P 拿到 24，$24=6 \times 4=3 \times 8=2 \times 12$，P 同样可以说 P1，因为至少有两种情况 P 都可以说出 P1，所以 A 就无法断言 S2，所以和不是 11。

(2) 假设和是 17。$17=2+15=3+14=4+13=5+12=6+11=7+10=8+9$，很明显，由于 P 拿到 4×13 可以断言 P1，而其他情况，P 都无法断言 P1，所以和是 17。

(3) 假设和是 23。$23=2+21=3+20=4+19=5+18=6+17=7+16=8+15=9+14=10+13=11+12$，我们先考虑含有 2 的 n 次幂或者含有大质数的那些组，如果 P、S 分别拿到 4，19 或 7，16，那么 P 都可以断言 P1，所以和不是 23。

(4) 假设和是 27。如果 P、S 拿到 8，19 或 4，23，那么 P 都可以断言 P1，所以和不是 27。

(5) 假设和是 29。如果 P、S 拿到 13，16 或 7，22，那么 P 都可以断言 P1，所以和不是 29。

(6) 假设和是 35。如果 P、S 拿到 16，19 或 4，31，那么 P 都可以断言 P1，所以和不是 35。

(7) 假设和是 37。如果 P、S 拿到 8，29 或 11，26，那么 P 都可以断言 P1，所以和不是 37。

(8) 假设和是 41。如果 P、S 拿到 4，37 或 8，33，那么 P 都可以断言 P1，所以和不是 41。

综上所述：这两个数是 4 和 13。

419. 苏州街

很明显，想从陈一婧回答龚宇华提的前三个问题去寻找答案是毫无用处的。起始点应该是龚宇华说的"如果我知道第二位数是否是 1，我就能讲出你那所房子的号码"那句话。

分析一下龚宇华是怎么想的会对题目的解答很有用，尽管他的数字和结论是错误的。龚宇华的想法是他认为他已将可供挑选的号码数减少到了两个，其中一个号码的第二位数是 1。

如果龚宇华认为这个号码是个平方数而不是个立方数，那么供挑选的号码就太多了(从 4 到 22 各数的平方数都在 13～500 之间，而 23～36 之间各数的平方数在 500～1300 之间)。看来他一定认为这个数是立方数。

有关的立方数是 27、64、125、216、343、512、729、1000(它们分别为 3、4、5、6、7、8、9、10 的立方)，其中 64 和 729 也是平方数(分别为 8、27 的平方)。

如果龚宇华认为这个号码是小于 500 的平方数和立方数，那么他便没有其他可选择的号码——只有 64。如果他认为这个号码是 500 以上的平方数和立方数，那一定是 729。如果他认为这个号码不是平方数而是 500 以下的立方数，那么就有四种可能(27、125、216、343)；但如果他认为这个号码不是平方数而是 500 以上的立方数，那么只有两种可能性(512、1000)，前一个号码的第二位数是 1。这个号码就是龚宇华所想到的。

但从某些方面来看他想得并不对。他认为这个号码不在 500 以内，而陈一婧在答复这一点时骗了他，所以它是在 500 以内。龚宇华认为这个号码不是个平方数；关于这一点，陈一婧又没有向他讲真话，所以它是个平方数。龚宇华认为这是个立方数；关于这一点陈一婧向他讲了真话，所以它是个立方数。所以陈一婧的门牌号是个 500 以下的平方数，也是个立方数。所以它只能是 64。

420. 贴纸条猜数字

答案是 36 和 108。

首先说出此数的人应该是两数之和的人，因为另外两个贴有加数的人所获得的信息应该是均等的，在同等条件下，若一个推不出，另一个也应该推不出(当然，这里只是说这种可能性比较大，因为毕竟还有个回答的先后次序，在一定程度上存在信息不平衡)。

另外，只有在第三个人看到另外两个人的数一样时，才可以立刻说出自己的数。

以上两点是根据题意可以推出的已知条件。

如果只问了一轮，第三个人就说出 144，那么根据推理，可以很容易得出另外两个是 48 和 96。怎样才能让老师问了两轮才得出答案，这就需要进一步考虑：

A：36(36/152)；B：108(108/180)；C：144(144/72)

括号内是该同学看到另外两个数后，猜测自己头上可能出现的数。现推理如下：

A、B 先说不知道，理所当然，C 在说不知道的情况下，可以假设如果自己是 72 的话，B 在已知 36 和 72 的条件下，会这样推理："我的数应该是 36 或 108，但如果是 36 的话，C 应该可以立刻说出自己的数，而 C 并没说，所以应该是 108。"然而，在下一轮，B 还是不知道，所以，C 可以判断出自己的假设是错的，自己的数只能是 144。

421. 猜扑克牌

这张牌是方块 5。

Q 先生的推理过程是：

P先生知道这张牌的点数，而判断不出这是张什么牌，显然这张牌的点数不可能是J、8、2、7、3、K、6。因为J、8、2、7、3、K、6这7种点数的牌，在16张扑克牌中都只有一张。如果这张牌的点数是以上7种点数中的1种，那么，具有足够推理能力的P先生就可以断定这是张什么牌了。例如，如果教授告诉P先生这张牌的点数是J，那么，P先生马上就知道这张牌是黑桃J了。由此可知，这张牌的点数只能是4或5或A或Q。

接下来，P先生分析了Q先生所说的"我知道你不知道这张牌"这句话。

Q先生知道这张牌的花色，同时又做出"我知道你不知道这张牌"的断定，显然这张牌不可能是黑桃和梅花。为什么？因为如果这张牌是黑桃或梅花，Q先生就不会做出"我知道你不知道这张牌"的断定。

P先生是这样分析的：如果这张牌是黑桃，而且如果这张牌的点数是J、8、2、7、3，P先生是能够知道这张是什么牌的；假设这张牌是梅花，同理，Q先生也不能做出这样的断定，因为假如点数为K、6时，P先生能马上知道这张牌是什么牌，在这种情况下，Q先生当然也不能做出"我知道你不知道这张牌"的断定。因此，P先生从这里可以推知这张牌的花色或者是红桃，或者是方块。

而具有足够推理能力的P先生听到Q先生的这句话，当然也能够和Q先生得出同样的结论。这就是说，Q先生的"我知道你不知道这张牌"这一断定，在客观上已经把这张牌的花色暗示给P先生了。

得到Q先生的暗示，P先生做出了"现在我知道这张牌了"的结论。从这个结论中，具有足够推理能力的Q先生必然能推知这张牌肯定不是A。为什么？Q先生这样想：如果是A，仅仅知道点数和花色范围(红桃、方块)的P先生还不能做出"现在我知道这张牌了"的结论，因为它可能是红桃A，也可能是方块A。既然P先生说"现在我知道这张牌了"，可见，这张牌不可能是A。排除A之后，这张牌只有3种可能：红桃Q、红桃4、方块5。这样一来范围就很小了。P先生这一断定，当然把这些信息暗示给了Q先生。

得到P先生第二次提供的暗示之后，Q先生做出了"我也知道了"的结论。从Q先生的结论中，P先生推知，这张牌一定是方块5。为什么？P先生可以用一个非常简单的反证法论证。因为如果不是方块5，Q先生是不可能做出"我也知道了"的结论的(因为红桃有两张，仅仅知道花色的Q先生，不能确定是红桃Q还是红桃4)。现在Q先生做出了"我也知道了"的结论，这张牌当然是方块5。

422. 老师的生日

由10组数据3月4日、3月5日、3月8日、6月4日、6月7日、9月1日、9月5日、12月1日、12月2日、12月8日可知：4日、8日、5日、1日分别有两组，2日和7日只有一组。如果生日是6月7日或12月2日，小强一定知道(例如：老师告诉小强$N=7$，则小强就知道生日一定是6月7日；如果老师告诉小强$N=4$，则生日是3月4日还是6月4日，小强就无法确定了)，所以首先排除了6

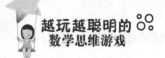

月7日和12月2日。

(1)"小明说:如果我不知道的话,小强肯定也不知道"——老师告诉小明的是月份 M 值,若 $M=6$ 或 12,则小强有可能知道(6月7日或12月2日)这与"小强肯定也不知道"相矛盾,所以不可能在6月和12月。从而老师的生日只可能是3月4日、3月5日、3月8日、9月1日、9月5日。

(2)"小强说:本来我也不知道,但是现在我知道了"——若老师告诉小强 $N=5$,那么小强无法知道是3月5日还是9月5日,这与"现在我知道了"相矛盾,所以 N 不等于5。则生日只可能是3月4日、3月8日、9月1日。

(3)"小明说:哦,那我也知道了!"——若老师告诉小明 $M=3$,则小明就不知道是3月4日还是3月8日。这与"那我也知道了"相矛盾。所以 M 不等于3,即生日不是3月4日、3月8日。

综上所述,老师的生日只能是9月1日。

423. 找零件

我们首先考虑一下,对于徒弟小王来说,在什么条件下他才会说"我不知道是哪个零件?"。显然,这个零件不可能是12:30、14:40、18:40。因为这三种长度的零件都只有一个,如果长度是 12、14、18,那么知道长度的徒弟小王就会立刻说自己知道。

同样的道理,我们再考虑一下,对于徒弟小李来说,在什么条件下他才会说"我也不知道是哪个?"。显然,这个零件不可能是 8:10、8:20、10:25、10:35、16:45。因为这五种直径的零件也是各有一个。

这样,我们可以从11个零件中排除8个,剩下以下三种可能性:10:30、16:30、16:40。

下面,可以根据徒弟小王所说的"现在我知道了"这句话来推理。如果这个零件是 16:30 或 16:40,那么仅仅知道长度的徒弟小王是不能断定是哪个零件的,然而,徒弟小王却知道了是哪个,所以,这个零件一定是10:30那一个。

424. 猜字母

仔细看一看甲先生所问的六个词,可以发现,carthorse 与 orchestra 所含的字母完全相同,只是字母的位置不同而已。乙先生心中所想的字母,在这两个词中如果有则全都有,无则全无,可是乙先生的回答一个说有,一个说无,显然其中有一句是假话。

同理,senatorial 与 realisaton 所含字母也相同,而乙先生的回答也是一有一无,可见其中又有一句是假话,这些便是甲先生确定乙先生的回答中有假话的依据。

从上面分析可见,乙先生的四句回答中已知有两句是真话,两句是假话。根据题意,乙先生共答了三句真话和三句假话,所以乙先生的另外两句回答必定是一真一假。

indeterminables 与 disestablishmentarianism，剩下的这最后两个词，尽管后者的字母比前者多很多，但这两个词中，除了后者比前者多了一个 h 字母外，其余的字母都是相同的或重复的。而乙先生说他心中所想的字母这两个词中都有，如果前一句是真话，即前一个词中确实有那个字母的话，那么，后一个词中无疑也应该有的。这样，两句话都成了真话，与题意不符。

所以，乙先生的前面一句应是假话，后面一句是真话，即前一个词中是不存在乙先生心中所想的那个字母的，后一个词中则有这个字母。由此可见，它必定是后一个词中所独有的字母 h。

425．求数字

2520 显然可以被 5 和 10 整除。但因为每个数都只有一位，所以得排除 10。于是其中有一个数必须是 5。

把已知数相加(8＋1＋5)得 14。因为 30－14＝16，所以剩下两数之和为 16。

把已知数相乘(8×1×5)得 40，而 2520÷40＝63，所以剩下两数之积为 63。

而两数相加得 16，相乘是 63 的数只有 7 和 9。所以答案是 5、7 和 9。

426．神奇数表

这是因为表是把 1～31 的数，变成以 2^n 表示的数。例如 $11=2^0+2^1+2^3=1+2+8$。将一个数由十进制改成二进制，把含有 $2^0(=1)$ 的项放在 A 表中，含有 $2^1(=2)$ 的项放在 B 表中，同理，含有 $2^2(=4)$ 的项放在 C 表中，含有 $2^3(=8)$ 的项放在 D 表中，含有 $2^4(=16)$ 的项放在 E 表中，这样就造出此表。也就是说 A 表代表 1，B 表代表 2，C 表代表 4，D 表代表 8，E 表代表 16。

如果你想的数 A、C、E 中都有，只要把 A、C、E 代表的数字 1、4、16 相加即可，也就是 21。

427．猜单双

因为爸爸一共交给小明 5 根火柴，分两只手拿，那么一定一只手是单数，一只手是双数。而左手火柴数乘以 2，右手火柴数乘以 3。两个奇数相乘结果还是奇数，任何数和偶数相乘都是偶数。左手火柴数乘以 2 后一定是偶数，而右手火柴数乘以 3 后，如果是奇数，那么最后的结果应该是偶数＋奇数＝奇数；如果是偶数，那么最后的结果应该是偶数＋偶数＝偶数。

所以根据最后结果的奇偶就可以断定小明右手中拿着的火柴的奇偶了。

428．猜数字(1)

第一个问题是：你想的这个数字是大于 512 吗？

根据对方的回答，每次排除掉一半数字，不超过 10 次，一定可以确定到底是哪个数字。

429．猜数字(2)

是 15。你可以测试一下，只有 15 符合要求。

430. 猜数字(3)

这个数字是96。"九十六"去掉"九"为"十六",去掉"六"为"九十"。

431. 奇妙的数列

规律其实很简单,就是将前面两个数字的各位数字拆开并加起来。例如最左面的两个数字分别是99和72,就把它们都拆开,变成9、9、7、2,然后相加,等于9+9+7+2=27,即为下面圆圈里的数字。后面的所有数字都是这个规律。你猜出来了吗?

432. 奇怪的样子

这是把1~9九个数字放在一个"井"字形的框中,每一个数字的边框形状。所以6应该是下图的形状。

433. 猜数字

能。这四个数字是2、5、6、8。

先列出四人猜的情况。甲猜对了两个数,可能是2—3,2—4,2—5,3—4,3—5,4—5。

乙猜对了一个数,可能是1、3、4、8中的一个数,他未猜的四个数2、5、6、7中有三个数是纸条上的数。

丙猜对了两个数,可能的组合为1—2,1—7,1—8,2—7,2—8,7—8。

丁猜对了一个数,可能是从1、4、6、7中选的一个数,他未猜的四个数2、3、5、8有三个数是纸条上的数。

8个数字中,甲与丙两人都猜了的数字是2,两人都没有猜的数字是6。

8个数字中,乙与丁两人都猜了的数字是1、4,两人都没有猜的数字是2、5。

我们先假设2不是纸条上的数,那么从乙未猜的数字中可得出5、6、7是纸条上的数字,同时从丁未猜的数字中可得出3、5、8是纸条上的数字。这样纸条上的数字就会有五个,分别是3、5、6、7、8。显然,推论与题干中纸条上只有四个数字相矛盾,因此假设是错的,也就是说2是纸条上的数字。用同样的方法可推出5也在纸条上。

再假设1在纸条上,那么从乙猜的数字中可得出3、4、8不在纸条上,同时从丁猜的数字中可得出4、6、7不在纸条上。这样不在纸条上的数字有五个,分别是3、4、6、7、8,纸条上只能有三个数字,显然也不正确。所以假设错误,1不在纸条上。用同样的方法,可推出4不在纸条上。

我们知道了2、5在纸条上，从甲猜测对了两个数字可知3、4不在纸条上。这样，在纸条上的数字可能是2、5、6、7、8中的四个。

最后，我们来看丙猜的情况，从他猜测的四个数可知7与8只能有一个数在纸条上。如7在纸条上，纸条上的数字为2、5、6、7。我们发现丁猜对了6、7，显然与题干矛盾。再来检验8，发现刚好能符合条件。

所以，只有一种可能，纸条上的数字是2、5、6、8。

434. 猜明星的年龄

选B。此题可用排除法。四人中只有一个人说对，若甲对，则乙、丙、丁都应不对，推知丁的说法也对，与假设矛盾，故A项排除；同理乙也不可能对；若丁对，则不能排除甲、乙，因此D项可排除；若丙对，则丁有可能不对，如果B项成立，则丙的说法一定成立，符合题意。因此可判断B为正确答案。

435. 猜颜色

因为五个人都猜对了一瓶，并且每人猜对的颜色都不同。所以猜对第一瓶的只有丙，也就是说第一瓶是红色。那么第五瓶就不是黄色，所以第五瓶只能是蓝色。戊说的第二瓶是黑色的也就不对了。既然第二瓶不是黑色的，那就应该如第一个人所说，第三瓶是黑色的。所以第二瓶就不能是蓝色的，只有第二瓶是绿色的了。

所以说：第一瓶是红色，第二瓶是绿色，第三瓶是黑色，第四瓶是黄色，第五瓶是蓝色。

436. 手心的名字

是B的名字。

很明显，因为A说：是C的名字，C说：不是我的名字。这两个判断是矛盾的。

所以A与C两人之中必定有一个人是正确的，一个是错误的。

因为如果A正确的话，那么B也是正确的，与老师说的"只有一人猜对了"矛盾。

所以A必是错误的。

这样，只有C是正确的。不是C的名字。

因为老师说"只有一人猜对了"，那么说明其他三个判断都是错误的。

我们来看B的判断，B说：不是我的名字。而B的判断又是错的，那么他的相反判断就是正确的，即是B的名字。

所以老师手上写的是B的名字。

437. 五个人的年龄

这三位邻居年龄的乘积是2450

$x \times y \times z = 2450$

因为 $2450 = 2 \times 5 \times 5 \times 7 \times 7$

所以由三个邻居的年龄可以得出以下7组数

10＋35＋7＝52
10＋5＋49＝64
2＋25＋49＝76
14＋35＋5＝54
14＋25＋7＝46
2＋35＋35＝72
50＋7＋7＝64

这中间只有 10、5、49 和 50、7、7 这两组和数一样，这样才符合第二个老师说"还差一个条件"，否则一下即可知答案。

所以第二个老师为 64/2＝32 岁。

如果第一个老师大于 50 岁的话，那他补充了条件也猜不出邻居的数，所以他应该刚好 50 岁。

所以甲 50，乙 32，邻居 10、5、49。

438. 猜一猜小张的生日

小张是 1973 年出生的。注意：先估计大约年份为 1970 年左右，再根据数字和年份差相等的特征推算出结果。

439. 有趣的组合

18。自己可以计算试试。

440. 猜出你偷走的数字

简单地说结论就是：任意一个多位数，正着写和倒着写的差值结果中各个数位数字相加一定是 9 的倍数。

根据这个结论就可以确定偷走的数字是什么了。

当你偷走一个数字，报出其余数字之和时(仍然以前面说过的 16 举例)，我会这样想：9 的所有倍数中大于 16 而又最接近 16 的是多少？当然是 18……，那偷走的数字就一定是 18－16＝2。

441. 猜数字

526485＋197485＝723970

G＝1，O＝2，B＝3，A＝4，D＝5，N＝6，R＝7，L＝8，E＝9，T＝0。

步骤：

首先 D＝5，得到 T＝0

∵2L＋1＝R，

∴R 是奇数，并且

∵D＝5，D＋G＝R→R＝7 或 R＝9

∵O＋E＝0→E＝0 或 E＝9

∵T＝0

∴E＝9，R＝7，G＝1
∵2L＋1＝R→L＝3 或 L＝8
∵E＝9，2A＋1＝E→L＝8，A＝4
剩下 N、B、O 还未确定，即 2、3、6 未知。
N＋7＝B 或 N＋7＝B＋10→B＝3，N＝6，O＝2。

442. 猜猜年龄

2450＝2×5×5×7×7
可能的情况是：
7×5×2，7，5
7×7×2，5，5
5×5×2，7，7
7×2，7×5，5
7×2，5×5，7
5×2，7×5，7
2×5，7×7，5

其中和相等的两组是 7，7，2×5×5＝50；5，2×5＝10，7×7＝49。
这两组和都是 64，这是小张说不知道的时候可以推出来的。
当小王说"他们三人的年龄都比我们的朋友小李要小"时，小张听后说："那我知道了。"由此可以推出小李的年龄应该是 50 岁。

443. 母子的年龄

妈妈比华华大 26 岁，即两人年龄差为 26 岁，设华华的年龄为 x 岁，则妈妈的年龄是 $26+x$ 岁。四年后，妈妈的年龄是华华的 3 倍，即：
$3(x+4)=(26+x)+4$
$x=9$
所以，华华今年 9 岁，妈妈 9＋26＝35 岁。

444. 猜一猜她的年龄

设她的年龄为 x 岁，依题意可得：
$1000 \leqslant x^3 < 10000$ ……①
$100000 \leqslant x^4 < 1000000$ ……②
由①得：$10 \leqslant x < 10 \times \sqrt[3]{10}$
因为：$2.2^3=10.684>10$，$2.1^3=9.261<10$
则：$10 \leqslant x \leqslant 21$
由②得：$10 \times \sqrt[4]{10} \leqslant x < 10 \times \sqrt{10}$
因为：$1.7^4=8.35<10$，$1.8^4=10.49>10$
则：$18 \leqslant x \leqslant 31$

所以 $18 \leqslant x \leqslant 21$
因为 20、21 的任何次方个位数总为 0、1，所以 $x=18$ 或 19，
经检验 $18^3=5832$，$18^4=104976$，而 19 不符合要求②。
所以 $x=18$。
因此，她今年 18 岁。

445. 老师的儿子

三个儿子的年龄加起来等于 13，有以下十几种可能：

儿子一	儿子二	儿子三	年龄的积
1	1	11	11
1	2	10	20
1	3	9	27
1	4	8	32
1	5	7	35
1	6	6	36
2	2	9	36
2	3	8	48
2	4	7	56
2	5	6	60
3	3	7	63
3	4	6	72
3	5	5	75
4	4	5	80

有一个学生已知道老师的年龄，但仍不能确定老师三个儿子的年龄，所以老师只能是 36 岁。

三个儿子的年龄分别为 1、6、6 或 2、2、9。又因为老师说只有一个儿子在托儿所，所以只能是 1、6、6 了。如果是 2、2、9 的话，会有两个儿子在托儿所。

446. 猜年龄

设小李 x 岁，老王 y 岁。

"老王现在的年龄是我过去某一年的年龄的两倍"，在这一年，小李 $y/2$ 岁，老王 $y-(x-y/2)=3y/2-x$ 岁；

"在过去的那一年，老王的年龄又是将来某一年我的年龄的一半"，在这个时刻，小李 $3y-2x$ 岁；

"老王过去当她的年龄是我的年龄三倍时"，这时老王的年龄是 $(3y-2x)/3=y-2x/3$ 岁，小李的年龄是 $(y-2x/3)/3=y/3-2x/9$ 岁；

因为是同一年,所以有等式:$x-(y/3-2x/9)=y-(y-2x/3)$;化简为:$5x=3y$;因为$x+y=48$,解得$x=18$。所以小李现在的年龄是 18 岁。

447. 聪明程度

这个游戏的独特之处在于你必须考虑其他参与者是怎么想的。

首先,你可能假定人们都是随机地选择一个数字寄回,这样的话平均值应该是 50,那么最佳答案应该是 50 的 2/3,也就是 33。

但你应该想到,别人也会像你一样,想到 33 这个答案。如果每个人都选择了 33,那么实际的平均值应该是 33 而不是 50,这样最佳答案应该修改成 33 的 2/3,也就是 22。

那么别人会不会也想到这一层?如果大家都写 22 呢?那么最佳答案就应该是 15。

可是如果大家都想到了 15 这一层呢?

……

这样一步步地分析下去,如果所有人都是绝对地聪明而理性,那么所有人都会做类似的分析,最后最佳答案必然越来越小,以至于变成 0。鉴于 0 的 2/3 还是 0,所以 0 必然是最终的正确答案。

但问题是,如果有些人没有这么聪明呢?如果有些人就是随便写了个数呢?

刊登广告的其实是芝加哥大学的理查德·泰勒。他收到的答案中的确有些人选择了 0,但平均值是 18.9,获胜者选择的数字是 13。这个实验就是要说明,很多人是不那么聪明,也不那么理性的。

448. 教授有几个孩子

首先,凑不够 2 个九人队,孩子总数最多为 17 人。若为 17 人以上,则可以凑成 2 个九人队或凑够 2 个九人队之后还有剩余。因此可以确定的是叔叔家的孩子最多有 2 个,若有 3 个或者 3 个以上,则其他三家至少分别有 6、5、4 个,总数大于 17 人。

叔叔家孩子有 2 个的情况如下:

主人	弟弟	妹妹	叔叔	对应门牌号
5	4	3	2	120
6	4	3	2	144
7	4	3	2	168
8	4	3	2	192
6	5	3	2	180
7	5	3	2	210
6	5	4	2	240

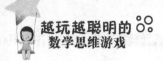

叔叔家孩子为 1 个的情况时，另外 3 个数相加≤16(17－1＝16)，且 3 个数各不相同，并且 3 个数中最小数≥2，可以列出这 3 个数相乘的积最大为 4×5×7＝140；其次为 3×5×8＝4×5×6＝120；再次为 3×4×9＝108。此时已比上面所列最小积还要小，若答案在小于 108 的范围内，则不需要知道叔叔家的孩子是 1 人还是 2 人了。

所以，在知道 4 数积及最小数是 1 还是 2 的情况下，如果还不能得出结论，只有门牌号为 120 时才有可能。

因此，确定门牌号为 120 了，当知道叔叔家孩子个数时就能确定 4 个数的情况，只有这样一种情况：主人 5 个孩子，弟弟 4 个孩子，妹妹 3 个孩子，叔叔 2 个孩子。

449. 三个班级

首先，确定哪个数字不表示学生的年龄。1～13 这十三个数字之和是 91，而三个班级所有学生的年龄之和是 84，因此，不表示学生年龄的数字是 7。

班级 A 的四个学生的年龄只能是以下两种情况之一：

12、6、10、13 或 12、8、10、11(12 必须包括其中)。

班级 C 的四个学生的年龄只能是以下四种情况之一：

4、1、3、13 或 4、1、6、10 或 4、2、6、9 或 4、3、6、8(4 必须包括其中)。

这样，班级 A 学生的年龄不可能是 12、6、10、13。否则，班级 C 学生年龄的四种可能情况没有一种能够成立。因此，班级 A 学生的年龄必定是 12、8、10、11。

这样，班级 C 学生的年龄只能是 4、1、3、13 或 4、2、6、9。

如果班级 C 学生的年龄为 4、1、3、13，那么，班级 B 学生的年龄为 2、5、6、7。其和与已知条件不符。所以，班级 C 学生的年龄必定是 4、2、6、9，而班级 B 学生的年龄必定是 5、1、3、13。小明是班级 B 的学生。

450. 抽卡片

其实很显然最后一个是乙选的，那么他想把大的留在后面(比如 24 最后的话，结果一定大于 24，是绝对值)，所以甲希望大的先出，乙相反。

B 采取这样的策略：

1. 如果 A 把 $2k-1$(k 不等于 12)置＋(－)号，他就把 $2k$ 置－(＋)号；

2. 如果 A 把 $2k$(k 不等于 12)置＋(－)号，他就把 $2k-1$ 置－(＋)号；

3. 如果 A 把 24 置＋(－)号，他就把 23 置＋(－)号；

4. 如果 A 把 23 置＋(－)号，他就把 24 置＋(－)号。

结果是 36，也就是说至少 36。

对于 A：

如果 A 第一次选 1，后来 A 根据 B 的选择来定，总选择和 B 相差 1 的数，并符号始终相反则 A、B 各选了 11 次后，最多是 12，那么即使最后是 24，最多就为 36。也就是说至多 36。

结果就是 36。

参 考 文 献

[1] 于海娣. 全世界优等生都在做的 2000 个思维游戏[M]. 北京：华文出版社，2010.

[2] 黎娜. 哈佛给学生做的 1500 个思维游戏[M]. 北京：华文出版社，2009.

参考文献